Klaus Jahn

WANDERBUCH

Sächsische Täler

AF288817

saxophon

LEGENDE

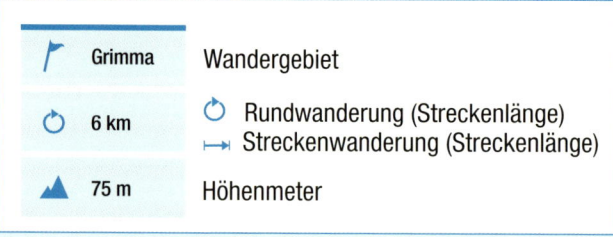

⌐ Grimma		Wandergebiet
↻ 6 km	↻	Rundwanderung (Streckenlänge)
	↦	Streckenwanderung (Streckenlänge)
▲ 75 m		Höhenmeter

SÄCHSISCHE TÄLER

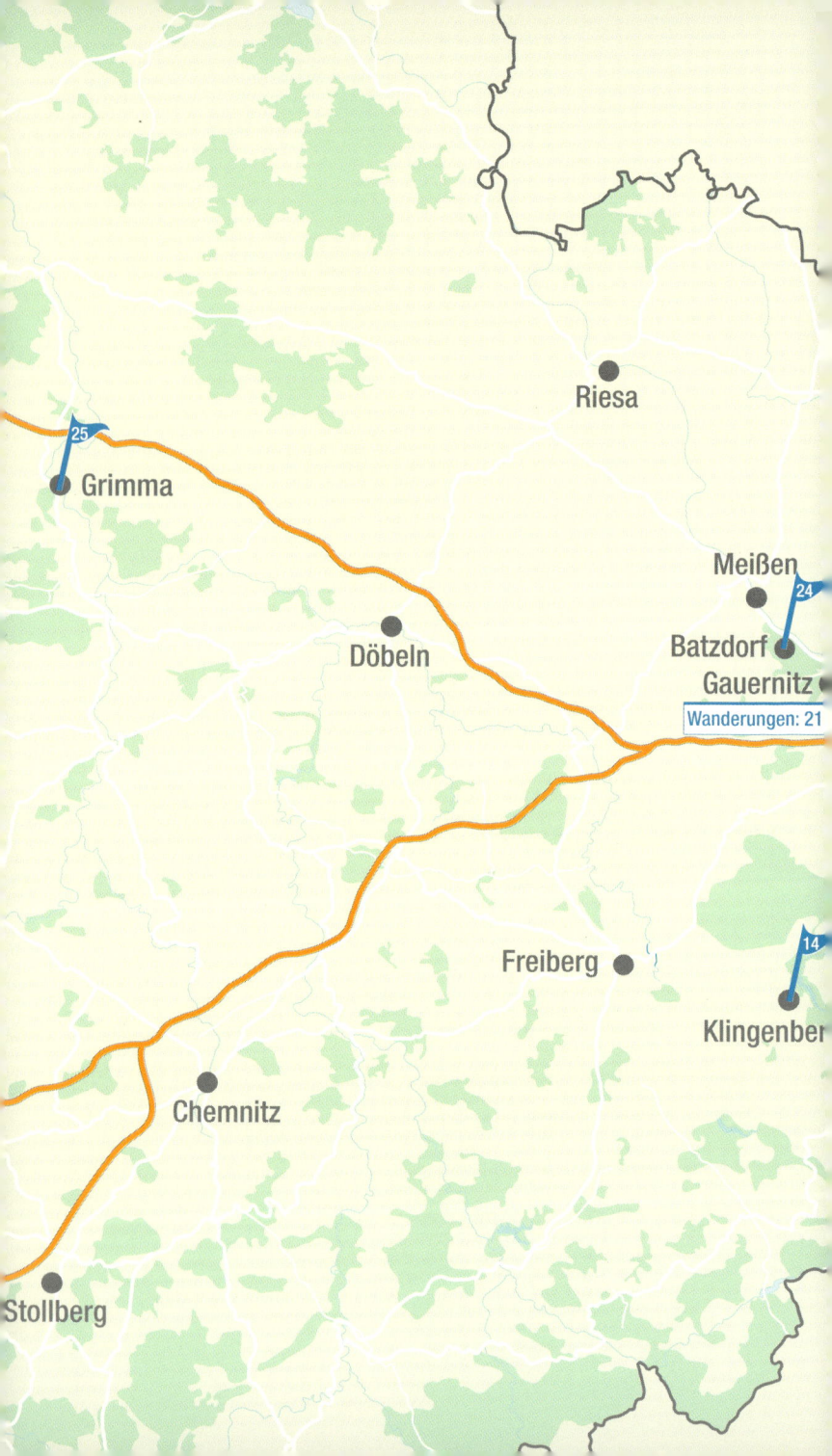

Riesa

25 Grimma

Meißen

24 Batzdorf

Gauernitz

Wanderungen: 21

Döbeln

Freiberg

14 Klingenber

Chemnitz

Stollberg

WILLKOMMEN in sächsischen Tälern

„Dich, mein stilles Tal, grüß ich tausendmal", schreibt 1852 lobend der Dichter Wilhelm Ganzhorn.

Täler, Schluchten, Gründe und Gräben haben seit jeher ihren eigenen Reiz. In Sachsen hat die Natur vor allem im Elbland in Jahrtausenden besonders romantische Landschaften geformt. Jedes Tal ist immer auch das gemeinsame Werk von Natur und Mensch.

Für diesen Band wurden 25 der schönsten Täler-Wanderungen mit unterschiedlicher Länge ausgewählt. Diese Täler beeindrucken mit der Vielfalt ihrer Landschaftsformen, ihrer unterschiedlichen Vegetation und zudem mit einer artenreichen Tierwelt. Auen und sonnige Wiesentäler wechseln mit schattigen Schluchten ab. Es sind Täler entlang von Flüssen und auch Bächen. Manchmal sprudelt gar nur eine kleine Quelle. Oft sind Täler tief in die Felsenlandschaft eingegraben. Nicht selten erinnern an Flüssen und Bächen noch heute denkmalgeschützte Bauten an ehemalige Wassermühlen, die es in Sachsen zahlreich gegeben hat.

Nicht allein der Weg im Tal lässt den Wanderer die traumhafte Schönheit der Landschaft erleben; Abstecher zu Aussichtspunkten vervollkommnen die Eindrücke. Erst ein Berg macht das Tal zum Tale.

Die ausgewählten Touren führen auch in weniger besuchte Regionen. Wer ist schon durch das liebliche Schwarzbachtal gestreift oder hat im Liebethaler Grund den Klängen aus Richard Wagners romantischer Oper „Lohengrin" gelauscht? Frühaufsteher werden besonders belohnt. In den Tälern und Senken bilden sich über Nacht flache Nebelschwaden, die am Morgen ein zauberhaftes Licht entstehen lassen und uns damit auf den beginnenden Tag bedächtig einstimmen.

Im Morgentau barfuß über eine Wiese zu laufen ist ein großartiges Erlebnis.

Alle Wanderungen waren zum Zeitpunkt der Recherche mit öffentlichen Verkehrsmitteln zu erreichen. Bei den Einkehrmöglichkeiten handelt es sich um eine Auswahl. Über die Öffnungszeiten sollte man sich vor einer Tour informieren.

1

Vom Sebnitztal zum Kirnitzschtal

Ulbersdorf – Kohlmühle – Altendorf – Bad Schandau

Ulbersdorf	
11 km	
167 m	

ERREICHBARKEIT
Mit der Städtebahn von Bad Schandau bis Ulbersdorf.
Parkplatz am Bahnhof Bad Schandau
EINKEHRMÖGLICHKEITEN
Waldhäus'l | Kirnitzschtalstraße 89 | 01814 Bad Schandau | Tel.: 035022 91786
www.waldhaeusl-bad-schandau.de
Café Stammler | Marktstraße 2 | 01814 Bad Schandau | Tel.: 035022 42536
Barthel's Restaurant | Marktplatz 10 | 01814 Bad Schandau | Tel.: 035022 519499

Bereits die 17 Minuten dauernde Fahrt mit der Städtebahn von Bad Schandau nach Ulbersdorf ist ein besonderes Naturerlebnis. Der Haltepunkt liegt etwas außerhalb. Der Ort liegt etwa einen Kilometer oberhalb der Bahnstrecke. Er wurde erstmals 1432 im Zusammenhang mit einem Rittergut urkundlich erwähnt. Sehenswert sind das im 16. Jahrhundert errichtete Herrenhaus des Rittergutes und viele schmucke Fachwerkbauten, darunter auch einige Umgebindehäuser.
Unweit der Bahnstation stand ehemals die 1446 errichtete Ulbersdorfer Mühle. In ihren letzten Jahren wurde sie bis 1945 als Sägemühle betrieben. Unsere Tour verläuft flussabwärts. Sie beginnt hinter dem

Bahnhofsgebäude beim Wanderwegweiser für den **Sebnitztalweg Richtung Kohlmühle** (roter Punkt).
Auf Stufen steigen wir hinunter zum Ufer der Sebnitz. Und sogleich wandern wir auf einem urwüchsigen Pfad. Bald geht es ein erstes Mal unter einer Brücke der Sebnitztalbahn hindurch. Gleich nach der Brücke ist man beim **Rastplatz** am Dorfbrunnen angekommen. Später wechseln wir über eine Brücke zur anderen Uferseite hinüber. Überhaupt werden wir bis zum Aufstieg nach Altendorf wiederholt die Uferseiten wechseln, und zwar über neue Brücken. Sieben dieser Brücken mussten nach dem Hochwasser vom August 2010 ersetzt werden. Mehrere Jahre konnte auf

Lohsdorf

Höllenweg

Querweg

An der Sorge

Goßdorf

Dorfstraße

Ulbersdorf

Start

Goßdorfer
Raubschloss

Alte Kohlmühle

O. v. Thümmel Weg

Schandauer Str.

Rathmannsdorfer Str.

Wiesen-
weg

Mitteldorf

...endorfer Str.

Sebnitzer Str.

Altendorf

Kirnitzschtalstraße

Dorfbach-
klamm

Kirnitzschtalstraße

Ostrau

*Nationalpark
Sächsische
Schweiz*

Ziel

Bad Schandau

ELBE

172

F.-G.-Keller Str.

Zahnsgrund

Krippen

...thennersdorferstr.

...-G.-Keller Str.

Vom Sebnitztal zum Kirnitzschtal

unserer heutigen Route nicht gewandert werden. Sodann treffen wir auf das Wanderschild „Sebnitztalweg/Goßdorfer Raubschloss 55 Minuten/Bahnhof Kohlmühle 1 Stunde 20 Minuten". Zunächst sind die Ruinen des **Goßdorfer Raubschlosses** unser Ziel. Es folgt ein auf- und abwärts führender schmaler Wanderweg. Der Hang fällt steil ab. Zu unserer Sicherheit ist eine Kette angebracht. Dies werden wir noch häufiger erleben.

Nach dem Wald wird es noch romantischer. Der Weg schlängelt sich durch mannshohe dichte Farne und ein wenig später durch hohe Brennnesseln. Wir erreichen dann eine Wegegabelung mit dem Schild „Ulbersdorf 45 Minuten". Dorthin wollen wir jedoch nicht. Kurze Zeit später führt unsere Route auf Stufen wieder steil nach oben. Auf der Höhe erwartet uns jedoch ein Rast-

platz. Wir biegen nach links ein. Nun geht es auf einem breiten Waldweg bequem wieder ins Tal. Man kommt zu einer Brücke unterhalb des **Haltepunktes Mittelndorf** (vgl. Klaus Jahn/Wandern entlang der Schmalspurbahnen). Hier erfahren wir, dass die Entfernung zum Schwarzbachtal noch 10 Minuten beträgt. Dort wollen wir zunächst hin. Oberhalb des Haltepunktes stand früher die Sputhmühle, benannt nach ihrem Gründer Robert Ludwig Sputh (1843-1913).

Es ist heute kaum zu glauben, aber Sputh war der größte Bierdeckelproduzent Europas. Bis nach Brasilien wurden aus dem engen Tal die Bierdeckel verschickt. Nach dem Ersten Weltkrieg und den Zeiten des wirtschaftlichen Niedergangs waren Bierdeckel kaum gefragt. Zudem wuchs jede Menge Konkurrenz heran. Spuths Fabrik musste um ihr Über-

Höhenprofil Wanderung „Vom Sebnitztal zum Kirnitzschtal"

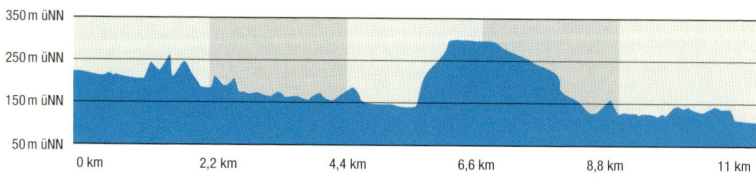

Im Sebnitztal bei Ulbersdorf

leben kämpfen. Als dann am 16. März 1937 ein großer Brand die Fabrikanlagen zerstörte, kam das Aus für die Sputhmühle. Die stehen gebliebenen Gebäude wurden noch als Wohnungen und Kinderferienanlagen genutzt. Die letzten Häuser wurden 1970 gesprengt.
Im **Schwarzbachtal** befindet sich das Raubschloss (vgl. Wanderung 2). Dazu biegen wir nach dem Bahnparallelweg nach rechts ein, laufen unter eine Brücke hindurch und haben nach wenigen Metern den Aufstieg zum Raubschloss erreicht. Steil geht es auf Stufen hinauf. Oben befindet sich in einem der Ruinenreste ein angenehmer Rastplatz.
Gestärkt und ausgeruht steigen wir wieder hinab und lenken unsere Schritte jetzt in **Richtung Kohlmühle**. Dazu laufen wir nach der Brücke ein paar Meter aufwärts. Oben weist ein Schild nach links über Altendorf in das Kirnitzschtal.
Wir wollen jetzt zwar nach Altendorf, wählen jedoch eine andere Richtung. Wir wandern nach rechts und queren bald die Bahnstrecke. Später erreicht man das Schild „Altendorf 1 Stunde". Das ist unsere Richtung. An dieser Stelle verlassen

In der Dorfbachklamm

wir das Sebnitztal und wandern bergan.

Nach dem Aufstieg durch den Wald haben wir den **Adams-berg** erreicht. Am Fuße des Berges können wir auf einer Bank verschnaufen.

Beim Weitermarsch bietet sich ein traumhafter Blick auf die Tafelberge der Sächsischen Schweiz (von links nach rechts: die Schrammsteine, der Papst-stein, der Gohrisch, der Pfaf-fenstein, der Königstein, der Lilienstein).

Wir sind jetzt in Altendorf, gelegen auf einer Hochfläche zwischen dem Sebnitz- und Kirnitzschtal. In der Ortschaft wird links eingebogen. Wenige Meter nach der Alten Schule führt unsere Route nach rechts auf die Straße „**Wiesenweg**“. Bevor wir dort talwärts wandern, sollten wir jedoch noch ein paar Schritte weiter die **Sebnitzer Straße** entlanglaufen. Bald werden wir nämlich auf einen denkmalgeschützten Bauernhof, ein restauriertes ländliches Kleinod, hingewiesen. Er besteht aus einem Haupthaus, einem Gesindehaus und einer Scheune. Sein Ursprung geht auf ein herrschaftliches Gut aus dem 12. Jahrhundert zurück.

Von 1458 bis 1575 war dieses Gut eines der Vorwerke des Rittergutes Prossen. Auf einer Tafel erfahren wir außerdem, dass durch Altendorf die Hohe Straße, im Mittelalter eine bedeutende Handelsstraße, führte. Nach diesem Abstecher geht es eine längere Strecke abwärts. Unterwegs sollten wir die hübsch modernisierten Bauerngehöfte nicht übersehen. Auf der linken Straßenseite werden wir darauf aufmerksam gemacht, dass an dieser Stelle von 1847 bis 1943 eine Familie außer ihrer Landwirtschaft auch eine Ziegelei betrieb. Man kommt zum Wegweiser „Panoramaweg". Wir wandern jedoch weiter die **Dorfbachklamm** hinunter. Dabei laufen wir am „Alten Armenhaus", gebaut von der Gemeinde für arme Dorfbewohner, vorbei. Es dauert nicht mehr lange, und die Asphaltstraße geht in einen Wiesenweg über, wie er uns bereits angekündigt wurde. Rechts befindet sich eine Streuobstwiese. Diese sind heutzutage relativ selten anzutreffen. Schon bald wandern wir dann tatsächlich durch eine **Klamm**. Ein romantischer Steig führt von Altendorf steil hinunter in

das Kirnitzschtal. Auf rustikalen Stufen und über kleine Felsbrocken geht es abwärts, bevor wir dann eine längere Eisentreppe erreichen. Bereits zu Anfang des 18. Jahrhunderts nutzten Steinbrecher diese Schlucht auf ihrem Arbeitsweg zu den Postelwitzer Steinbrüchen. Und sie mussten nach einem langen Arbeitstag, ihrer körperlich schweren Arbeit, diese Schlucht auch wieder hinaufsteigen, und das auch im Winter. Ab 1938 wurden vom Gebirgsverein Stufen angelegt, um die Klamm für Wanderer nutzbar zu machen. Etwas abenteuerlich ist der Weg durch die Dorfbachklamm streckenweise jedoch noch immer. Im **Kirnitzschtal** wandern wir auf dem **Flößersteig** hinein nach **Bad Schandau** (ca. 2,7 km). Alternativ besteht die Möglichkeit, die Kirnitzschtalbahn ab der Station Waldhäus´l zu nutzen (Sondertarif). Vom Ort setzen wir dann wieder zum Bahnhof über.

HINWEIS
Für diese Wanderung sind festes Schuhwerk und Trittsicherheit erforderlich.

Herbst im Sebnitztal

SEBNITZTAL

Das wildromantische Tal ist einfach wunderbar. Kurvenreich schlängelt sich die Sebnitz durch die Ebene, gesäumt von dem an Granithängen stehenden Mischwald.

Der 30,8 Kilometer lange Fluss entspringt in Tschechien in der Nähe des Dorfes Brtniky. Er vereinigt sich bei Porschdorf mit der Polenz und mündet dann als Lachsbach bei Rathmannsdorf in die Elbe.

Im Sebnitztal sind u.a. die Amsel, die Bachstelze, der Zaunkönig, der Buntspecht sowie auch die Drossel heimisch. Der aufmerksame Wanderer wird den Wiesenknöterich, die Sumpfdotterblume, das Buschwindröschen, den Fingerhut und natürlich auch verschiedene Farnarten entdecken.

Eine besondere Attraktion ist die Fahrt mit der Städtebahn. Besonders für den Abschnitt Bad Schandau-Sebnitz hat sich der Streckenname „Sächsische Semmeringbahn" eingebürgert. Hierbei wird Bezug genommen auf die wenn auch kleineren Ähnlichkeiten mit der echten österreichischen Semmeringbahn. Diese galt bei ihrer Fertigstellung 1854 als die Gebirgsbahn Europas. Dort werden zum Beispiel auf 28 Kilometern Streckenlänge 461 Höhenmeter überwunden, unsere sächsische Variante bringt es zwischen Mittelndorf und Krumhermsdorf bei nur 15 Kilometern Strecke auf 255 Höhenmeter! Ob nun aber die Sebnitztalbahn oder aber die Windbergbahn in Freital sich mit dem Beinamen „Semmering" schmücken darf, darüber gibt es unter den Fachleuten öfters Streit. Doch gilt auch hier die Kraft des Faktischen. In Kreisen der Bevölkerung wie auch bei den Bahn-Verantwortlichen wird unsere Strecke die „Sächsische Semmeringbahn" genannt.

Am gesamten Flusslauf der Sebnitz soll es früher 17 Mühlen gegeben haben. Heute erinnern daran leider nur noch ihre Namen wie z. B. Ulbersdorfer Mühle, Sputhmühle, Buttermilchmühle, Kohlmühle oder auch Ochelmühle.

Vom Schwarzbachtal zum Kirnitzschtal

Schwarzbachtal – Goßdorfer Raubschloss – Sebnitztal - Mittelndorf – Kirnitzschtal / Flößersteig –
Bad Schandau

ERREICHBARKEIT
Mit dem Bus 237 von Pirna bis Lohsdorf/Ehemaliger Bahnhof.
EINKEHRMÖGLICHKEITEN

Landgasthaus zum Schwarzbachtal | Niederdorfstraße 3 | 01848 Lohsdorf
Tel.: 035975 80345

Hotel "Forsthaus" | Kirnitzschtalstraße 5 | 01855 Kirnitzschtal-Bad Schandau
Tel.: 035022 5840 | forsthaus@pura-hotels.de

Lohsdorf

12 km

180 m

Zur Einstimmung auf unsere Wanderung fahren wir von Pirna bis Lohsdorf 50 Minuten durch die Sächsische Schweiz. Die Route führt über Lohmen, Rathewalde, Heeselicht im Polenztal und Hohnstein, die Burgstadt am Fels.
In Lohsdorf hält der Bus direkt am **ehemaligen Schmalspurbahnhof,** dem Ausgangspunkt einer landschaftlich wunderschönen Wanderung.
Die Bahnhofsgebäude strahlen in frischer Farbe.
Die zwölf Kilometer lange Schmalspurbahnstrecke von Goßdorf-Kohlmühle durch das Schwarzbachtal nach Lohsdorf und hier weiter über Unter- und Oberehrenberg nach Hohnstein wurde 1897 eröffnet. Hauptsächlich Wanderer und

Urlauber nutzten die Bahn für ihre Ausflüge. Auch durch die in späteren Jahren eingerichtete schnellere Busverbindung zwischen Pirna und Hohnstein nahm die Anzahl der Fahrgäste stark ab. Ende Mai 1951 musste die Strecke schließlich stillgelegt werden.
Der 1995 gegründete Verein „Schwarzbachbahn e.V." hat sich die Aufgabe gestellt, schrittweise die Bahnstrecke wieder zu beleben.
Wir laufen über den **Schwarzbach** hinweg, queren die Gleise der Schmalspurbahn und biegen links auf den Wanderweg ein. Von einem Schild erfahren wir „Eingang Schwarzbachtal 10 Minuten". Diese Richtung schlagen wir ein. Wir kommen in ein Landschaftsschutzge-

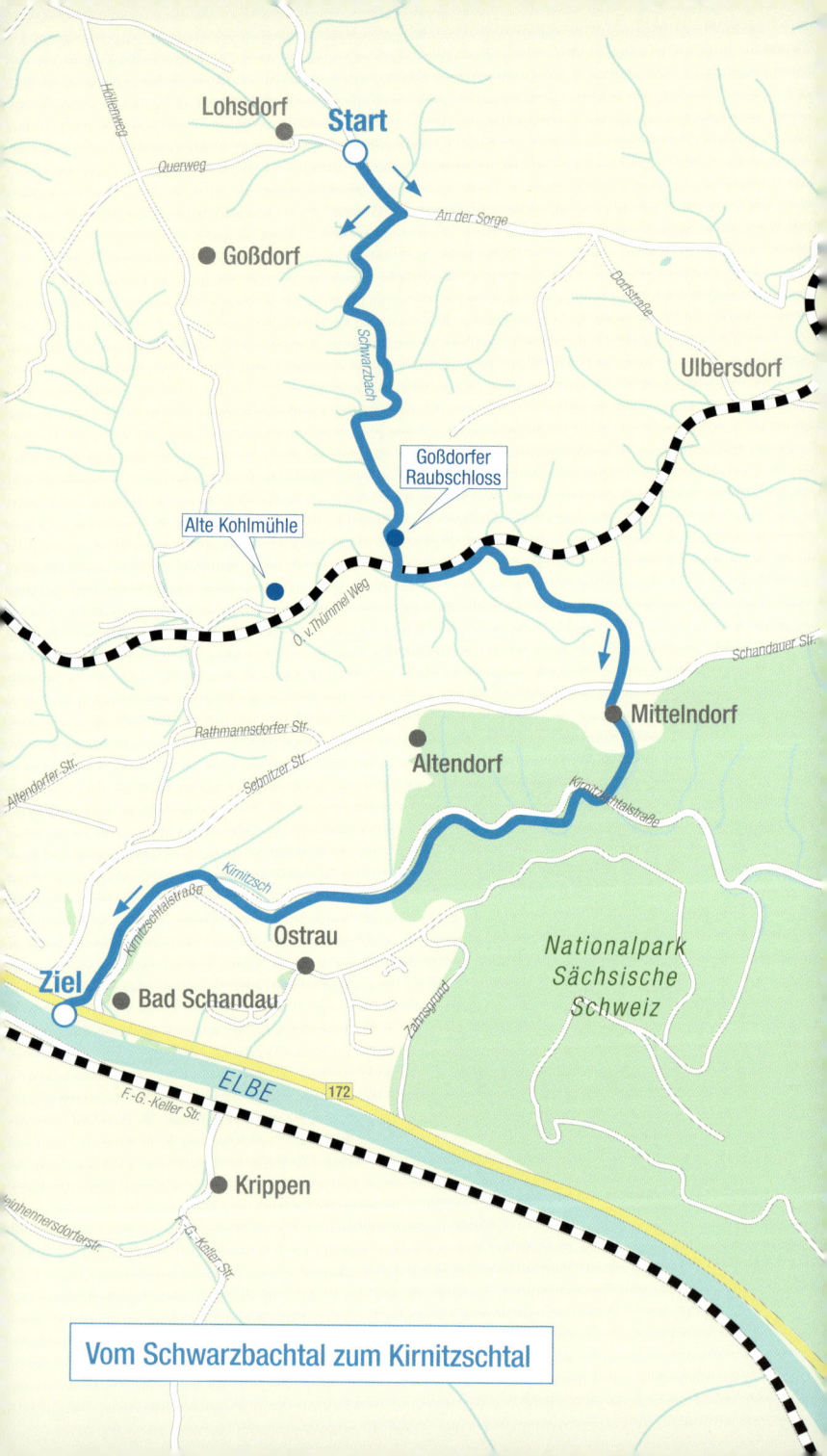

Vom Schwarzbachtal zum Kirnitzschtal

biet. Unser erstes Etappenziel sind die Ruinen des Goßdorfer Raubschlosses. Bis dorthin wechseln wir mehrmals die Seiten des Flusses.

Am Anfang unserer Tour spazieren wir auf einer kleinen Birkenallee entlang. Dort sind Bänke aufgestellt, damit wir den hübschen Eindruck des sich durch die grüne Wiesenlandschaft schlängelnden Flusses in aller Ruhe genießen können. Nach der Allee laufen wir durch eine **kleine Schlucht** und an deren Ende über eine Brücke hinweg. Danach halten wir uns an den Wegweiser „Altendorf/Kohlmühle/gelber Balken". Links erhebt sich ein finsterer Wald. Es folgt dann ein **Abzweig nach Ulbersdorf**, aber wir bleiben in unserer Richtung. Bei einem mit Moos überzogenen Felsbrocken gabelt sich der Weg wieder. Hier halten wir uns rechts. Bald kommt der Abzweig „**Briefträgersteig/Goßdorf**". Wir bleiben jedoch im Tal.

Später sehen wir zwei Zeugnisse der ehemaligen Schmalspurbahn: einen Tunnel sowie das Bahnhofsschild „Schwarzbachtal".

Etwa beim Kilometer 4,25 erreicht man über einen Steig den steilen Aufstieg über viele Stufen zu den **Ruinen des Raubschlosses**. Oben befindet sich ein schöner Rastplatz. Zu einem weiteren Rastplatz kommt man erst am Ortseingang von Mittelndorf.

Ruine am Goßdorfer Raubschloss

Höhenprofil Wanderung „Vom Schwarzbachtal zum Kirnitzschtal"

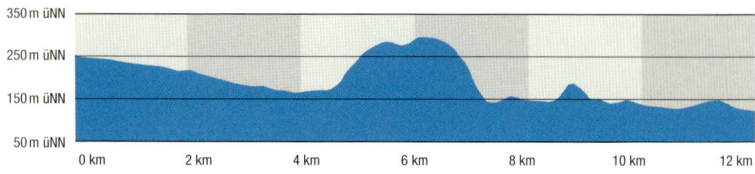

Die Raubritter bauten ihre Burg auf einem Bergsporn. Finstere Gesellen sollen einst hier im Goßdorfer Raubschloss gehaust haben. Die Burg Schwarzbach wurde erstmals im Jahre 1372 erwähnt, obwohl sie sicherlich viel älter ist. Sie gehörte dem böhmischen Adelsgeschlecht der Berken von der Duba. Auch diese Burganlage wurde vermutlich zum Schutze der Hohen Straße, die im Tal verlief, errichtet. Der Bergsporn ist ein Flächennaturdenkmal, denn außer den Resten des Raubschlosses steht hier ein artenreicher Laubwald mit sehr alten Bäumen.

Vom Raubschloss steigen wir wieder hinunter ins Schwarzbachtal, biegen nach rechts ein, laufen unter der **Brücke der Städtebahn** hindurch und biegen gleich links auf den Wiesenweg ein. Der Wegweiser „Haltepunkt Mittelndorf" steht in unserem Rücken! Wir wandern jetzt ein Stück durch das Sebnitztal (vgl. Wanderung 1). Erst laufen wir auf einem schönen Wiesenweg entlang. Später folgt eine schmale Allee. Oben auf dem Hang fährt die Bahn. Jenseits des Flusses erlebt man um die Mittagszeit ein schönes Naturschauspiel: Das Moos an den Bäumen wird von der Sonne angestrahlt und leuchtet golden.

Kurz vor dem Haltepunkt Mittelndorf biegen wir rechts auf den schmalen Pfad ein. In der Ferne haben wir bestimmt schon eine Brücke gesehen. Auf dieser queren wir die Sebnitz. Der „grüne Balken" weist uns den Weg nach Mittelndorf. Das ist unser nächstes Ziel.

Es geht zunächst ordentlich bergwärts. Auf Landkarten wird dieser mindestens seit der Mitte des 16. Jahrhunderts bekannte Weg als „Trägnerweg" bezeichnet. Dieser Name ist vermutlich von dem altslawi-

In Mitteldorf

schen Wort „droga" (der Weg ins Tal) abgeleitet.

Oben wandern wir dann vom Waldesrand auf der Höhe zwischen den landwirtschaftlichen Fluren nach Mittelndorf. Wirft man dabei einen Blick zurück, sind der Lilienstein und der Königstein zu sehen.

Das schmucke **Mittelndorf** wird uns begeistern.

Auf 19 äußerst liebevoll und farbenprächtig gestalteten Tafeln wird dem Wanderer nicht allein der Weg gewiesen, sondern auch die Eigenheit einzelner Grundstücke erzählt. Wir erreichen den Ort auf der **Schandauer Straße**. Dort biegen wir rechts ein. Schon nach wenigen Metern laufen wir links (beim Wegweiser

„Ferienhaus Alte Schule") den **Mühlberg** hinunter. Durch den steil abwärts führenden Grund gelangen wir beim Hotel und Restaurant „Forsthaus" in das **Kirnitzschtal**. Wir biegen hinter dem Grundstück nach links ein und haben sogleich die Landstraße erreicht. Bis hierher sind wir etwa neun Kilometer gewandert.

Die letzte Strecke unserer Tour führt nach **Bad Schandau**.

Dazu sind zwei Möglichkeiten zu empfehlen:

Wir fahren mit der Kirnitzschtalbahn oder wandern auf dem Flößersteig (etwa fünf Kilometer).

Zur **Haltestelle** läuft man nur ein paar Meter nach links.

Die Bahn fährt im 30-Minu-

Am Flößersteig im Kirnitzschtal

ten-Takt. Es gilt ein Sondertarif. Der Einstieg zum romantischen **Flößersteig** befindet sich ein paar Meter vom „Forsthaus" entfernt nach rechts.

Die Kirnitzsch entspringt in Tschechien in der Nähe des Dorfes Studanka auf einer Höhe von 490 m ü. NN und mündet nach 45 Kilometern auf einer Höhe von 116 m ü. NN in die Elbe. Vom Mittelalter bis zum 20. Jahrhundert wurde auf der Kirnitzsch die Flößerei betrieben. Dank des erstmals im Jahre 1928 angelegten und später erneuerten Steigs soll das gefahrvolle Flößerhandwerk nicht vergessen werden.

Gleich zu Beginn verhehlt ein Schild nicht, dass der Flößersteig schwierig ist. Tatsächlich hat man auf einem kurzen Stück eine sportliche Einlage zu bewältigen: ein steiler Aufstieg am Felsen. Beim Abstieg müssen wir uns mit beiden Händen an der Kette festhalten. Für den geübten Wanderer ist das jedoch keine Schwierigkeit. Entlang unserer Route begegnen uns Tafeln mit aufschlussreichen Informationen zum Flößersteig sowie zu den Besonderheiten der Natur in dieser Gegend.

Wir erreichen die schon erst-
mals im Jahre 1518 erwähnte **Mittelndorfer Mühle.** Etwa 360 Jahre wurde sie als Mahl- und Schneidemühle genutzt, bevor man sie zur Papierfabrik umfunktionierte. Wir wandern jetzt auf einem bequemen Weg, ehe es nach der Flößerstube bergwärts geht. Bald danach stehen wir vor einem Rätsel, weil ein Wanderwegweiser fehlt: Ein Weg führt bergauf und ein anderer nach rechts. Unsere Route verläuft nach rechts. Bei der **Ostrauer Mühle** führt unser Weg unmittelbar hinter dem Campingplatz entlang.

Bei der dann folgenden **Brücke** queren wir die Kirnitzsch. Auf der anderen Seite laufen wir wieder hinauf in den Wald. Nicht links neben dem Fluss weiter wandern!

Bis nach Bad Schandau hinein laufen wir auf einem bequemen **Waldweg** oberhalb der Fahrstraße. Auf diesem Abschnitt kommen wir an der traditionsreichen Gaststätte „Waldhäus´l" vorbei.

Später spazieren wir entlang der **Kirnitzschtalklinik** und dem gepflegten Stadtpark in das **Zentrum der Stadt.** An der Elbe erwartet uns die Fähre, die uns zum **Bahnhof** bringt.

3

Durch das Weißbachtal bei Hinterhermsdorf

Hinterhermsdorf / Erbgericht – Oberdorfweg – Folgenweg – Heidelbachtal – Bammelweg – Weißbachtal – Kirnitzsch – Neudorf – Erbgericht

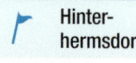 Hinter-
hermsdorf

 9 km

146 m

ERREICHBARKEIT
Mit der S-Bahn bis Bad Schandau oder mit dem Pkw bis zum Parkplatz am Bahnhof Bad Schandau, dann mit dem Bus 241 bis zum „Erbgericht" Hinterhermsdorf.

EINKEHRMÖGLICHKEITEN
Zum Wanderstübel | Schandauer Straße 64 | 01855 Hinterhermsdorf
Tel.: 035974 50570 | www.wanderstuebel.de

Autofahrer können für diese Tour selbstverständlich Hinterhermsdorf direkt ansteuern. Es ist jedoch zu empfehlen, von Bad Schandau nach Hinterhermsdorf mit dem Linienbus zu fahren. Die Route führt etwa 40 Minuten durch das landschaftlich herrliche Kirnitzschtal. Die Anfahrt nach Hinterhermsdorf wird damit bereits zu einem besonderen Erlebnis. Deutsche Kolonisten, vermutlich aus der Oberpfalz und Unterfranken, siedelten hier bereits im 12. Jahrhundert. Die erste urkundliche Erwähnung stammt aus dem Jahre 1445.
Nach unserer Ankunft in Hinterhermsdorf ist der Gasthof „Erbgericht" nicht zu überse-

hen. Und bestimmt sind wir auch in anderen Orten schon einem Gasthof mit diesem Namen begegnet.
Im Mittelalter war dort der Sitz des Vorstehers des Dorfgerichts. Der Dorfrichter hatte die Einhaltung der Landesgesetze zu überwachen. Bei ihm wurden auch die Kauf- und Pachtverträge ausgehandelt. Er konnte dieses Amt an seine Nachkommen vererben. Oft war das Amt mit dem Schankund Braurecht verbunden. Gegenüber dem „**Erbgericht**", also unmittelbar an der Bushaltestelle, befindet sich ein Wanderwegweiser.
Wir laufen die Straße hinunter. Gleich nach dem Gasthaus biegen wir links in den **Ober-**

TSCHECHISCHE REPUBLIK

Schäferräumicht

Heidelbach

Zeidlerweg

Folgenweg

Bammelweg

Oberdorfweg

Neudorfer Straße

Heidelbachweg

Weißbach

thof Erbgericht

Start
Ziel

Oberdorfweg

Am Langk

Hinterhermsdorf

Im Loch

Kirnitzsch

Zum
Wanderstübel

Neudorfer Str.

DEUTSCHLAND

Buchenstraße

Neue Straße

Hohweg

**Durch das Weißbachtal
bei Hinterhermsdorf**

Höhenprofil Wanderung „Durch das Weißbachtal bei Hinterhermsdorf"

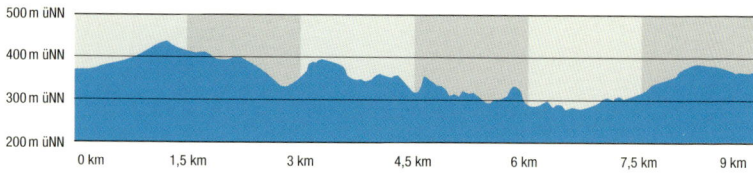

dorfweg ein. Die Wegweiser zeigen die Richtung in das Weißbachtal fortan mit dem gelben Balken an.

Beim **Pfarramt** biegen wir nach rechts und wenige Meter später nach links ein. Auch beim Schild „Heimatlicher Dorfrundgang" führt unsere Route nach links weiter.

Außerhalb des Ortes wandern wir zunächst ein Stück auf einem **Schotterweg** aufwärts durch die offene Flur. Auf diesem Abschnitt kommen wir am Wegweiser zum Aussichtspunkt „Emmabank", er befindet sich auf dem Pfarrberg, vorbei. Nach rechts haben wir einen schönen Blick über die dörfliche Landschaft auf die farbenfreudig leuchtende Kirche. Engelkirche wird sie genannt. Vielleicht haben wir nach unserer Täler-Tour noch Zeit für einen Besuch.

Im Jahre 1688 forderte die Ruhr viele Todesopfer. Auf einer Anhöhe über dem Dorf musste deshalb ein Friedhof angelegt werden. Als Stätte zum Gedenken an die Toten baute man 1689 dort eine Kapelle, aus der dann nach mehreren Umbauten die heutige Kirche entstand. Ihre Emporen sind mit Blumenmotiven bemalt. Der barocke Altar stammt vermutlich aus der Werkstatt eines böhmischen Meisters. Sehenswert ist auch der im Chor schwebende Taufengel aus dem Jahre 1701.

In der Ferne sehen wir auf der linken Seite den **Weifbergturm**. Der hölzerne Aussichtsturm mit 173 Stufen wurde im Jahre 2000 gebaut. Er gestattet einen großartigen Panoramablick weithin auf die Sächsische und Böhmische Schweiz. Bei günstiger Witterung reicht die Sicht bis in das Erzgebirge und das Riesengebirge.

Wir wandern bald abwärts und erreichen eine Kurve. Von dort

könnte man einen Abstecher zum Weifbergturm wagen. Die Entfernung hin und zurück beträgt ca. 1,5 km.

Als Weifen bezeichnete man jene Holzgestelle, die die Leineweber hier früher zum Aufwinden des Garnes aufstellten.

In der Kurve steht das Richtungsschild zum „Gasthaus Schäferräumicht / 5 Minuten". Gleich nach dem leider geschlossenen Gasthaus beginnt auf dem **Folgenweg**, einem schattigen Waldweg, der Abstieg hinunter in das **Heidelbachtal**. Wir befinden uns jetzt im Nationalpark Sächsische Schweiz (vgl. Wanderung 4). Unten im Tal erwartet uns ein Rastplatz. Wir müssen jedoch nicht ungeduldig werden, wenn sich dort schon Wanderer zur Pause niedergelassen haben. Entlang unserer Route stehen noch drei weitere Sitzgelegenheiten, wenn man nicht im Gras sitzen möchte.

Wir queren den Heidelbach. Links führt der Bammelweg ca. 500 m aufwärts. Auf diesem Streckenabschnitt ist ein Höhenunterschied von 50 Metern zu überwinden.

Im Weißbachtal

Umgebindehaus im Ortsteil Neudorf

Oben queren wir die **Kalkstra-ße** nach halblinks. Der Straßen-name erinnert daran, dass in dieser Gegend von 1547 bis in das 19. Jahrhundert Kalk abge-baut und gebrannt wurde.
Ein Wegweiser zeigt uns wieder unsere Richtung zum Weiß-bachtal. Bald entdecken wir an einem Baum auch den gelben Balken. Unten haben wir dann den Weißbach, den Grenzfluss, mehr ein Bächlein, erreicht. Er entspringt in der Lausitz und mündet in die Kirnitzsch.
An der Grenze zwischen der Bundesrepublik Deutschland und der Tschechischen Repu-blik wandern wir jetzt etwa eine Stunde durch fast unbe-rührte Natur. Der oft schmale

und manchmal auch feuchte Weg wird von bizarren Felsen eingerahmt. An einigen Stellen ist es im engen Tal sogar ein wenig und beinahe unheimlich dunkel. Ein romantischer Weg, der uns noch lange in Erinne-rung bleiben wird.
Man kommt zu einem Abzweig ins Tschechische. Er weist den Weg durch ein schönes Tal nach Kopec. Ein anderer Weg führt zum Dorf Khaa, welches vermutlich bereits in der zwei-ten Hälfte des 16. Jahrhunderts besiedelt gewesen war und in dem Kupferbergbau betrieben wurde.
Danach wird die Landschaft wieder offener. An dieser Stelle verlassen wir den Weißbach.

Links des Weges, für uns kaum sichtbar, fließt nun die Kirnitzsch. Es dauert nicht mehr lange, und wir stehen vor einem schmucken Umgebindehaus. Vielleicht hat der Besitzer nichts dagegen, wenn wir uns auf der Bank ein wenig ausruhen und die Natur genießen. Einige Schritte später ist das denkmalgeschützte Haus Nr. 2 erreicht. Auch hier wohnten einst Waldarbeiter.

Der Weg führt jetzt wieder ein Stück durch den Wald. Beim Schild „Niedermühle/Taubenstein" nach links einbiegen und dann sogleich den Weg nach rechts einschlagen. Sofort sehen wir an einem Baum wieder den gelben Balken.

Der Weg geht danach etwas steil bergab. Man sieht in der Ferne unten schon eine breite Straße. Dort laufen wir noch einmal über den **Heidelbach** hinweg, biegen nach links ein und sind beim **Mönchstein** angekommen, einem idyllischen Rastplatz unter einem überstehenden Felsen.

Nach diesem Rastplatz steht man bald wieder vor einem Wegweiser. Hier müssen wir uns entscheiden, entweder nach links einzubiegen und den längeren Weg (1 ½ Stunden) über die **Niedermühle** nach Hinterhermsdorf oder den Weg geradeaus (Hinterhermsdorf ½ Stunde) zu nehmen.

Die idyllisch im Wald gelegene Niedermühle ist eine funktionsfähige Wassermühle mit einem Sägewerk; sie ist ein technisches Denkmal.

Der kürzere Weg führt bergauf und durch den **Ortsteil Neudorf**. Auf dieser Strecke kommen wir am Brunnenhaus vorbei. Der Schöpfbrunnen wurde um 1660 erforderlich, als der Ortsteil angelegt wurde. Daraus versorgten sich die Bewohner fast dreihundert Jahre mit Trinkwasser. Das Umgebindehaus auf der gegenüberliegenden Straßenseite gehört zu den ersten Häusern, die im Jahre 1664 auf der Neudorfer Flur gebaut wurden.

Über das Leben einer Waldarbeiterfamilie um 1900 können wir uns dann in der „Waldarbeiterstube" (Neudorfer Straße 2) informieren. Außerdem ist eine kleine Ausstellung zur Geschichte des Ortes zu sehen. Unser erlebnisreicher Fußmarsch endet wieder am „Erbgericht". Von dort bringt uns der Linienbus durch das Kirnitzschtal nach Bad Schandau zurück.

HINTERHERMSDORF

Fränkische Kolonisten gründeten die Ansiedlung im 13. Jahrhundert als Waldhufendorf. Die erste urkundliche Erwähnung des Ortes „Hermanstorff" stammt aus dem Jahre 1445. Einige Zeit später wird mit der Bezeichnung „bhemischin Hermesdorff" die Zugehörigkeit der Siedlung zum Königreich Böhmen beglaubigt. Danach kam das Dorf in den Besitz sächsischer Fürsten. Bedingt durch die waldreiche Gegend hatte die Arbeit seiner Bewohner im Forst eine lange Tradition. Dazu gehörte auch die Flößerei auf der Kirnitzsch zur Elbe. An diese Zeit erinnert das kleine Museum „Waldarbeiterstube". Mitte des 17. Jahrhunderts wanderten böhmische Leineweber ein. Der Bau der Straße von Bad Schandau durch das Kirnitzschtal (Abschluss 1874) beförderte den Fremdenverkehr wesentlich. Hinterhermsdorf gehört zu den schönsten Dörfern Sachsens und wurde dafür wiederholt ausgezeichnet.

Im Jahre 2000 ging der Ort als Sieger im Wettbewerb des Freistaates Sachsen „Unser Dorf soll schöner werden" hervor. Bereits einige Jahre zuvor erhielt Hinterhermsdorf für die Gestaltung des Dorfplatzes den Sächsischen Staatspreis für Architektur. Und 2002 wurde dem Ort der Europäische Dorferneuerungspreis zugesprochen. Außerdem trägt der Ort den Titel „Nationalparkgemeinde" (für den hinteren Nationalparkteil).

Auf unserer Wanderung durch den schmucken Ort werden wir eine Vielzahl sehr gut erhaltener Umgebindehäuser entdecken.
Bei einem nächsten Besuch in Hinterhermsdorf sollten wir unbedingt einen Dorfrundgang unternehmen. An zahlreichen Tafeln kann man dabei die interessante Vergangenheit und Gegenwart des Ortes nacherleben.

4

Durch den Großen und Kleinen Zschand zum Kirnitzschtal

Neumann-Mühle – Großer Zschand – Zeughaus – Zeughausstraße – Kleiner Zschand – Ferkelschlüchte – Kuhstall – Lichtenhainer Wasserfall

ERREICHBARKEIT Mit der S-Bahn bis Bad Schandau bzw. mit dem Pkw bis zum Parkplatz am Bahnhof, dann mit dem Bus 241 bis Kirnitzschtal/Neumannmühle. **EINKEHRMÖGLICHKEITEN** **Neumann-Mühle** | Kirnitzschtalstraße 4-5 | 01855 Kirnitzschtal | Tel.: 035974 50565 www.neumann-muehle.de **Gastwirtschaft „Altes Zeughaus"** | Zeughausstraße 5 01855 Kirnitzschtal | Tel.: 035974 55800 | zeughaus@elbsandstein.de **Gasthof „Lichtenhainer Wasserfall"** | Kirnitzschtalstraße 11 | 01855 Lichtenhain Tel.: 035971 53733 | www.lichtenhainer-wasserfall.de	Kirnitzsch- tal 8,5 km 147 m

Bei der **Neumann-Mühle** handelt es sich nicht nur um ein Gasthaus, sondern tatsächlich auch um eine Mühle im ursprünglichen Sinne. Wir queren die Kirnitzsch und können das technische Museum nicht übersehen.

Im wildromantischen Kirnitzschtal standen in früheren Zeiten mehrere Mühlen. Sie waren nicht nur Getreidemühlen, sondern auch Schneidemühlen, in denen das Holz aus dieser waldreichen Gegend zu Brettern, Balken und Holzschliff verarbeitet wurde. Heute erinnert meist der Name einer Gaststätte daran, wie z. B.

Mittelndorfer Mühle, Ostrauer Mühle oder Buschmühle.

Die Neumann-Mühle wird durch einen Verein als technisches Museum erhalten (Öffnungszeiten unter Tel.: 035971 57489 oder www.neumann-muehle.de erfragen). Erleben können wir dort die Brettmühle (Sägemühle) und den Holzschliff.

Schon am Ausgang des 14. Jahrhunderts wird hier eine Mahl- und Schneidemühle erwähnt. Die 1871 errichtete Holzschleiferei produzierte bis 1945 und das Sägewerk sogar bis 1957. In der Schauanlage wird auch an Friedrich Gottlob

Ottendorf

Lichtenhain

Lichtenhainer
Wasserfall

Ziel

Rössersteig

Kuhstall

Hausteig

Kleiner Zschand

Kirnitzschtalstraße

Buschmühle

Neumann-Mühle

Start

Großer Zschand

Zeughausstr.

Zeughaus

Zeughausstr.

*Nationalpark
Sächsische
Schweiz*

Richtstieg

Roßsteig

Wurzelweg

DEUTSCHLAND

**Durch den Großen und Kleinen
Zschand zum Kirnitzschtal**

TSCHECHISCHE REPUBLIK

An der Neumann-Mühle

Keller (1816-1895), den Erfinder des Papiers aus Holzschliff, erinnert.

Der Wanderwegweiser bei der Neumann-Mühle zeigt uns die Route durch den **Großen Zschand** zum Zeughaus (ca. 2 km).

Der Große Zschand ist ein etwa sechs Kilometer langes Tal, welches sich von der Neumann-Mühle bis zur Roßmaulwiese in der Böhmischen Schweiz erstreckt. Großer und Kleiner Zschand sind wasserarme Täler, auch Trockentäler genannt.

Der Große Zschand ist die kürzeste Verbindung zwischen dem Kirnitzschtal und Böhmen. Er wurde deshalb im Mittelalter lange Zeit für den Handel und den Holztransport genutzt. Wir wandern auf einem bequemen **Forstweg**. Oft schickt im schattigen Tal die Sonne ihre Strahlen durch die Bäume. Und seltene Felsformen begleiten uns. Ein zauberhafter Anblick. Bald werden wir rechts auf die Spitzsteinschlüchte aufmerksam gemacht. Stufen führen hinauf. Zahlreiche Schlüchte, oft sehr eng, sind nach dem Zeughaus ein besonderes Merkmal des Großen Zschand. Sie führen zu beiden Seiten des Weges hinein. Wegen ihres feuchten und kühlen Klimas sind sie reich an Moosen und Farnen.

Nach einem reichlichen Kilometer führt links der Weg durch Hohlfelds Graben zum Gasthaus Buschmühle. Wir dürfen uns jedoch nicht zur Einkehr verleiten lassen, denn der Weg dorthin endet wieder im Kirnitzschtal. Unsere Route verläuft also weiter geradeaus. Bald werden wir darauf aufmerksam gemacht, dass wir uns in der Kernzone des Nationalparks befinden. Wir müssen uns dementsprechend verhalten. Rechts des Weges kommen wir an einer **Salzlecke** vorbei. Diese Trogsteine gehören zu den Zeitzeugen der Jagdgeschichte in der Sächsischen Schweiz. Wir erreichen dann das **Zeughaus** mit einer der **Informationsstellen zum Nationalpark**. Dieses zunächst aus Holz gebaute Zeughaus ließ Kurfürst Johann Georg I. 1642 zum Aufbewahren von Jagdgerätschaften errichten. Später waren darin auch kurfürstliche Jagdknechte untergebracht. Heute befindet sich darin eine Gastwirtschaft. Auf der Rückseite gelangt man zum Eingang der Informationsstelle. Oberhalb des Zeughauses befindet sich der Aussichtspunkt „Neuer Teichsteinblick".

Nach dem wir uns im Zeughaus über den Nationalpark informiert haben, laufen wir auf der bisherigen Strecke ein Stück zurück und biegen links in die **Zeughausstraße** ein. Der Weg führt jetzt ein Stück aufwärts. Auf der Höhe zweigt rechts der Knorreweg ab. Dieser führt durch die Spitzensteinschlüchte hinunter zur Neumann-Mühle. Wir bleiben aber in unserer Laufrichtung. Es geht jetzt wieder talwärts. Man erreicht dann eine Wegekreuzung. Dort steht eine **Schutzhütte**. In linker Richtung kommt man zum Beuthenfall. Wir wandern jedoch in Richtung Felsenmühle, und zwar jetzt durch den **Kleinen Zschand**. Von diesem zweigt dann unsere Route durch die **Ferkelschlüchte** und den **Haussteig** nach links ab. Es dauert nicht lange und wir erreichen den **Abzweig zum Kuhstall**. Von dort geht es

Höhenprofil Wanderung „Durch den Großen und Kleinen Zschand zum Kirnitzschtal"

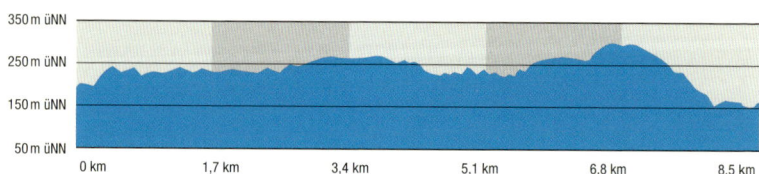

Aufstieg zum Kuhstall

nun zunächst über eine breite Treppe und dann auf schmalen Leitern aus dem Tal steil nach oben.

Der Kuhstall, eine Schichthöhle auf dem 337 m hohen Neuen Wildenstein, ist ein beeindruckendes Felsentor. In der Mitte ist es 11 m hoch, im südlichen Vorraum 15 bis 20 m und am Nordeingang 4,5 m. Die Breite des Felsentores schwankt zwischen 10 und 19 m, seine Tiefe beträgt 24 m.

Der Kuhstall ist das zweitgrößte Felsentor in der Sächsisch-Böhmischen Schweiz. Nur das Prebischtor auf der tschechischen Seite ist noch größer. Der Überlieferung nach suchten Lichtenhainer Bauern hier in früheren Kriegszeiten mit ihrem Vieh Zuflucht. In der ersten Hälfte des 15. Jahrhunderts soll der Neue Wildenstein ein Wohnsitz der böhmischen Raubritter Berken von der Duba gewesen sein.

Die **Himmelsleiter** führt hinauf zum Gipfelplateau. Schon der Aufstieg über die Metallstufen einer engen Felsspalte ist ein besonderes Erlebnis, allerdings nicht für Menschen mit Platzangst. Oben bietet sich ein atemberaubender Panoramablick auf die bizarre Felsenwelt

der „Hinteren Sächsischen Schweiz" (u. a. Lorenzsteine, Hochhübel, Thorwalder Wände).

Schließlich wandern wir vom Kuhstall etwa 1,5 km auf einer Forststraße stets abwärts zum **Lichtenhainer Wasserfall**. Der Wasserfall befindet sich beim gleichnamigen Gasthof. Er ist aus dem Lichtenhainer Dorfbach entstanden. Ursprünglich war er nur ein natürlicher Wasserfall. Um jedoch seine Attraktion zu erhöhen, baute man 1830 ein aufziehbares Wehr. Heutzutage wird jede halbe Stunde das Wehr gezogen. Mit musikalischer Umrahmung ergießt sich das Wasser den Felsen hinunter. Für die Rückfahrt nach Bad Schandau nutzen wir entweder den Bus oder zuckeln gemütlich mit der Kirnitzschtalbahn (VVO-Ticket hat keine Gültigkeit) auf der acht Kilometer langen Strecke bis zum Stadtpark. Die Fahrtzeit beträgt 30 Minuten.

Im 19. Jahrhundert wurde die Sächsische Schweiz immer mehr zu einem Anziehungspunkt für Urlauber und auch Tagesgäste. Es gab deshalb zunächst den Plan einer Pferdebahn durch das Kirnitzschtal. Nach längeren Debatten entschied man sich schließlich für eine elektrische Straßenbahn. Der Fahrbetrieb wurde im Mai 1898 eröffnet.

In Bad Schandau erreichen wir mit der Fähre wieder unseren Ausgangspunkt.

NATIONALPARK SÄCHSISCHE SCHWEIZ

Die Sächsische Schweiz ist ein außerordentlich interessantes Wandergebiet. Über Millionen Jahre hinweg haben Regen, Wind, Sonne und Schnee eine einzigartige Felsenlandschaft mit merkwürdigen Formen entstehen lassen. Wabenbildungen sowie Schichtauswitterungen sind zu sehen. Tiefe Schluchten und Klammen wechseln sich mit Terrassen ab. Einzigartig ist auch die Pflanzenwelt, die oft bei geringer Sonneneinstrahlung zwischen den Felsen wächst. In der Sächsischen Schweiz leben auch viele seltene und bedrohte Tierarten.

Wissenschaftlich exakt ist für dieses deutsche Mittelgebirge jedoch die Bezeichnung „Elbsandsteingebirge". Der Name „Sächsische Schweiz" entstand erst, nachdem die an der Königlich-Sächsischen Kunstakademie wirkenden Schweizer Künstler Adrian Zingg (1734-1816) und Anton Graff (1736-1813) hier gewesen waren. Sie schickten „Grüße aus der Sächsischen Schweiz" in ihre Heimat. Die Sächsische Schweiz umfasst ein Territorium von rund 370 Quadratkilometern zu beiden Seiten der Elbe und ist seit 1956 ein Landschaftsschutzgebiet. Etwa 93 Quadratkilometer des rechtselbischen Gebietes wurden 1990 zum Nationalpark erklärt. Auf tschechischer Seite wurde danach der Nationalpark Böhmische Schweiz gegründet.

In einer Nationalparkregion soll der Mensch so wenig wie möglich eingreifen, um so die Landschaft für kommende Generationen zu erhalten. Für die Kernzonen gelten strenge Vorschriften. Hier dürfen die ausgewiesenen Wanderwege nicht verlassen werden.

5

Im Polenztal

Polenz – Knochenmühle – Bockmühle – Heeselichtmühle – Rußigmühle –
Füllhölzelweg – Rathen

	Polenz	
	17 km	
	201 m	

ERREICHBARKEIT
Mit dem Bus 261 / Richtung Sebnitz ab Dresden Hauptbahnhof bis
Haltestelle Polenz / Am Polenztal.

EINKEHRMÖGLICHKEITEN
Gasthaus „Bockmühle" I Im Polenztal 2 I 01848 Hohnstein I Tel.: 035973 648377
www.bockmuehle-hohnstein.de
Gasthof „Rußigmühle" I Polenztal 4 I 01848 Hohnstein I Tel.: 035975 81695
www.russigmuehle-polenztal.de
Gasthaus „Polenztal" I Polenztal 2 I 01848 Hohnstein I Tel.: 035975 80826
www.polenztal.de

Diese Wanderung ist hauptsächlich in der Zeit der Blüte der Märzenbecher im März und April zu empfehlen.

Die einstündige Busfahrt führt durch den Dresdner Stadtteil Weißer Hirsch, über das Dresdner Hochland sowie vorbei an der Burgstadt Stolpen.

Wenn wir den Bus verlassen haben, queren wir die **Polenz** und biegen nach rechts ein. Unsere Route verläuft jetzt lange Zeit parallel zum kleinen Fluss. Der Wanderweg ist mit dem roten Punkt markiert; wir können uns überhaupt nicht verlaufen.

Die Polenz und der Ort Polenz: Der 31,3 km lange schmale Fluss entspringt zwischen den Dörfern Langburkersdorf und Novà Viska (Tschechische Republik) aus mehreren Quellen. Er vereinigt sich bei Porschdorf mit der Sebnitz zum Lachsbach, welcher dann in die Elbe mündet.

Das Gewässer gab auch dem im Jahre 1262 erstmals urkundlich erwähnten Ort seinen Namen. Die Polenz bildete einst die Grenze zwischen Böhmen und dem Bistum Meißen. Und deshalb gehörte der südlich des Baches gelegene Teil des Dorfes ursprünglich zu Böhmen. Erst 1451 kam das ganze Dorf zu Sachsen.

Wir wandern **hinter dem Ort** entlang. Wenn wir etwas Glück haben, entdecken wir in den

Im Polenztal

Höhenprofil Wanderung „Im Polenztal"

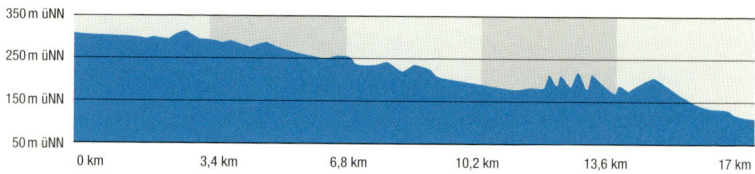

Hausgärten schon vereinzelt Märzenbecher. Am **Ortsende** biegt dann unser Weg nach links ein. Auf den ersten Metern zeigt sich noch die offene Flur, bevor wir in den Mischwald eintreten. Dort fließt dann die Polenz unter uns.

Bald geht es talwärts.

Auf mancher Wanderkarte ist für diesen Abschnitt unserer Tour der Name „Karl-Lampe-Weg" eingetragen. Dieser Mann war in den 20er Jahren des 19. Jahrhunderts Vorsitzender des Sächsischen Gebirgsvereins. Diesem Verein ist die Erschließung vieler schöner Gegenden in der Sächsischen Schweiz für uns Wanderer zu verdanken.

Selbstverständlich gab es an der Polenz in früheren Zeiten mehrere Mühlen. Leider existieren sie heute nicht mehr. Aus mancher ist eine Gaststätte geworden. Die meisten sind aber gänzlich verschwunden. Wir kommen zur **Knochenmühle**. Ihr Ursprung geht auf das Jahr 1841 zurück. Noch bis zum Jahre 1960 ließen in der Mühle Bauern Tierknochen zu Tiermehl verarbeiten, welches als Düngemittel verstreut wurde. Das heutige Wohnhaus entstand um 1900. Nach 1945 wurde das Anwesen als Kinderferienheim und später als Betriebsferienheim genutzt. Seit 1992 befindet sich darin eine Gaststätte.

Nur ein paar hundert Meter weiter befand sich auf der linken Seite unseres Weges eine weitere Mühle, in der Holz geschliffen wurde. Aus dem Holzschliff wurden Brotformen hergestellt. Vereinzelt gibt es auch heute noch Betriebe in Deutschland, die dieses Handwerk pflegen.

Es dauert nicht mehr lange, und wir haben das **Gasthaus „Bockmühle"** erreicht. Während der Märzenbecherblüte herrscht hier ein tolles Menschengewimmel.

Bereits im Jahre 1543 stand hier eine Mahl- und Brettmühle, welche jedoch 300 Jahre später durch einen Brand vollkommen zerstört wurde.

Wir queren die Fahrstraße, biegen nach links ein und haben nach wenigen Schritten das Naturschauspiel der **Märzenbecher** erreicht. Ein wunderschöner Anblick.

Vielleicht haben wir Glück und die zahlreichen Besucher, die mit dem Pkw oder dem Bus gekommen sind, um sich an dem Blütenmeer zu erfreuen, haben die Bänke nicht besetzt. Dann wäre es möglich, eine beschauliche Rast einzulegen. Unsere Tour führt bald über eine **Holzbrücke** zur anderen Uferseite und einen leichten Anstieg hinauf. Die dann folgende Wiese ist bei sonnigem Wetter auch ein recht einladender Rastplatz.

Bei unserer Wanderung sollten wir wissen, dass in den Talwiesen des Naturschutzgebietes auch noch andere interessante Pflanzen heimisch sind. Dazu gehören etwa die Kohldistel, die Wiesenglockenblume, die Sumpfschafgarbe sowie die Magerwiesenmargerite.

Sodann wird der Weg einige Zeit etwas anspruchsvoller. Es geht auf und ab und zudem auch holprige Abschnitte ent-

Heeselichtmühle

lang. Wer festes Schuhwerk angezogen hat, war gut beraten. Wir erreichen die **Scheibenmühle** und lesen die Jahreszahl 1798 am Gebäude. Auch diese Mühle produzierte Holzschliff.

Erwähnenswert ist sicherlich, dass in der Nähe der Mühle um 1580 auf kurfürstliche Anordnung damit begonnen wurde, an einem Kupferkiesgang Bergbau zu betreiben. Die Versuche blieben jedoch 200 Jahre lang erfolglos! Seit 1955 steht der unterhalb der Mühle angelegte Stollen unter Denkmalschutz.

Unterhalb der Scheibenmühle befindet sich wieder eine Märzenbecherwiese.

Das Anwesen der **Heeselichtmühle** ist nicht mehr weit entfernt. Diese Mühle bestand ab dem Jahre 1561 und verfügte über drei Mahlgänge und eine Brettmühle. Die heutigen Bauwerke wurden nach dem Brand im Jahr 1853 errichtet. 1959 wurde auch noch das Sägewerk stillgelegt.

Von der Heeselichtmühle biegen wir nach links ein und müssen zur Überbrückung etwa einen Kilometer die **Landstraße** nutzen, bevor wir wieder einen separaten Wanderweg erreichen. Über diese Landstraße gibt es Interessantes und weniger Bekanntes zu berichten.

1813 ließ Napoleon eine Straße von Stolpen nach Hohnstein über Heeselicht anlegen, die ein halbes Jahrhundert später erweitert wurde. Ab 1933 erfolgte der Ausbau dieser Straße zu einer Rennstrecke. Sie wurde 1939 als „Großdeutschlandring" eingeweiht und sollte sogar den Nürburgring verdrängen. Auf der Strecke gab es jedoch nur ein einziges Rennen, und das auch erst nach dem Zweiten Weltkrieg. Auf unserem Weg zur **„Rußigmühle"** liegt auf der linken Seite hoch oben die Burgstadt Hohnstein. (In dieser märchenhaft anmutenden Kleinstadt beginnt die Tälerwanderung 6.) Der Ursprung der Mühle geht auf das Jahr 1849 zurück. Damals ließ der Stellmacher Carl Gottlob Rasche eine Gastwirtschaft einbauen. Drei Jahrzehnte später wurde auch eine Bäckerei eingerichtet, die bis 1941 existierte.

Kurz nach der „Rußigmühle" macht die Landstraße eine Rechtsbiegung, und schon nach wenigen Metern queren wir diese wieder zu unserem Wan-

Blick vom Hockstein auf das Gasthaus „Polenztal"

derweg entlang der Polenz. Schon von Weitem leuchtet an der Fassade eines Hauses die Aufschrift **„Pension und Gasthaus Polenztal"**. An dieser Stelle befand sich ehemals bis um 1850 die Bärmühle. Unsere Route verläuft auch jetzt unmittelbar an der Polenz entlang. Allerdings verändert die Landschaft ihr Gesicht. Das Tal wird enger, wildromantisch düster, gesäumt von eigenartigen Gebilden der Sandsteinfelsen sowie Fichten und auch Buchen. Selbstverständlich sind hier im Frühjahr im ufernahen Wiesenbereich die Märzenbecher zu sehen, wenn auch nicht so üppig wie in der Nähe der „Bockmühle". Im Jahresverlauf zeigen sich dann u. a. die Gemeine und Weiße Pestwurz, die Akeleiblättrige Wiesenraute, der Straußenfarn und natürlich der Bärlauch. Vielleicht entdecken wir auch die Wasseramsel oder den recht scheuen Eisvogel. Nach etwa 2,5 km werden wir über ein hervorstehendes Felsenmassiv staunen. Es ist der **Polenztalwächter** – ein bedeutender Kletterfelsen. Und gleich

41

danach zeigt ein Wegweiser unsere **Route nach Rathen** an. Anfangs geht es ein kurzes Stück sanft bergan und dann aber über Treppenstufen etwas steiler. Oben queren wir die viel befahrene **Ziegenrücken-straße** nach rechts und wandern hinunter in den Kurort Rathen und dort bis zur Elbe. Dort setzen wir mit der Fähre zum Bahnhof über.

MÄRZENBECHERWIESEN

Der Märzenbecher ist einer der beliebtesten Frühlingsblüher und erfreut uns hauptsächlich in den Monaten März und April. Manchmal blüht er aber schon im Februar. Weniger bekannt ist, dass der Märzenbecher wegen seines Fruchtknotens auch Frühlings-Knotenblume genannt wird. Dieser Knoten befindet sich oberhalb der Blütenglocke und wirkt wie eine knotenartige Verdickung des Blütenstiels. Ein weiteres charakteristisches Merkmal sind die hellgrünen Spitzen der Blütenblätter.
Die Pflanze gedeiht auf Feuchtwiesen, wird 8 – 30 cm hoch und bildet unterirdische Zwiebeln.

Das große Vorkommen an Märzenbechern zu beiden Seiten der Polenz lockt seit 1900 alljährlich viele Besucher an. Im Polenztal befindet sich eines der größten Wildvorkommen in Sachsen. Der Bestand ist gefährdet und steht deshalb unter Naturschutz. Es darf kein Blütenstängel abgepflückt oder beschädigt werden.
Voraussetzung für den Erhalt der Bestände ist, dass die Wiesen regelmäßig (zweimal im Jahr) gemäht werden. Außerdem muss für eine durchlässige Bewässerung der Flächen gesorgt werden.

Von Hohnstein durch die Gründe nach Rathen

Hohnstein/Markt – Bärengarten – Schindergraben – Halbenweg – Brandstraße – Schulzengrund – Polenztal – Ziegenrückenstraße – Koppelsgrund – Kurort Rathen

ERREICHBARKEIT Von Pirna mit dem Bus 237 bis Hohnstein/Markt	Hohnstein
EINKEHRMÖGLICHKEITEN **Bergrestaurant Brandbaude**	Brandstraße 27	01848 Hohnstein	Tel.: 035975 84425 www.brand-baude.de	11 km
Restaurant & Café Sonniges Eck	Am Grünbach 3	01824 Kurort Rathen Tel.: 035024 70355	www.sonnigeseck@t-online.de	225 m

Nur wenige Meter von der Bushaltestelle weiter aufwärts stehen wir schon auf dem **Markt**. Von hier aus können wir das mittelalterliche Städtchen mit seinen hübschen Fachwerkbauten und den kleinen Gassen erkunden. Besonders sehenswert sind auf dem Markt die Burg, die Kirche sowie auch das schmucke Fachwerkhaus der Alten Stadtapotheke (heute Bergsport Arnold).

Der Blick von der **Burg** über das Polenztal ist einfach traumhaft. Diesen dürfen wir uns nicht entgehen lassen.

Eine **Pfarrkirche** wird in Chroniken schon für das Jahr 1381 erwähnt. Das heutige barocke Gotteshaus entstand nach dem verheerenden Stadtbrand von 1724. Die Pläne dazu lieferte George Bähr, der berühmte Baumeister der Dresdner Frauenkirche.

Am Gebäude der **Alten Stadtapotheke** ist eine Gedenktafel für Wilhelm Leberecht Götzinger (1758-1818) angebracht. Er war hier einige Jahre als Hauslehrer angestellt, bevor der Theologe und Philosoph eine Pfarrstelle bekam. Götzinger hat sich um die Entdeckung der Sächsischen Schweiz als Wandergebiet bleibende Verdienste erworben. Er unternahm ausgedehnte Wanderungen und veröffentlichte diese in Büchern. Darin beschrieb er nicht nur die Wege, sondern auch seine

Beobachtungen zur Fauna, Flora sowie Geologie. Und er erwähnte Geschichtliches aus dieser Region.

Vom Markt laufen wir die **Rathausstraße** abwärts. Sicherlich fällt uns sofort der Wegweiser „Bärengarten/Polenztal" auf. Das ist unsere Richtung.

Die **Touristinformation** und das **Rathaus** übersehen wir bestimmt nicht.

In der Touristinformation weist uns das Plakat mit dem Hohnsteiner Kasper darauf hin, dass sich in diesem Haus auch die „Traditionsstätte Handpuppenspiel" befindet. Das kleine Museum ist dem Lebenswerk von Max Jacob (1888-1967) gewidmet. Er gründete 1928 in der Jugendburg das Hohnsteiner Handpuppenspiel und erwarb sich mit seinem Hohnsteiner Kasper nationale und internationale Anerkennung. Max Jacob regte als Berater die Fernsehserie „Herr Fuchs und Frau Elster" an.

Das Fachwerkhaus schräg gegenüber der Touristinformation (erbaut 1688) ist das älteste Gebäude der Stadt. Im Jahre 1917 wurde es zum Rathaus umgebaut. In seinen jahrhundertealten Kellergewölben befindet sich jetzt der „Ratskeller" (z.Z. geschlossen). Der **Wanderwegweiser** am großen Baum vor dem Rathaus ist nicht zu übersehen. Darauf wird auch der „Brand" angezeigt. Wir kommen zwar auf unserer Wanderung auch zum Brand, jedoch nicht in dieser Richtung. Unsere Route führt rechts vom Rathaus den **Bärengarten** hinunter zum **Schindergraben.**

Der Bärengarten diente bis 1756 als Bärenzwinger, er lag unterhalb der Burg. Darin wurden Bären für die Hetzjagd gehalten. Im Verlaufe der Jahre war der Zwinger jedoch immer baufälliger geworden, Bären brachen aus, und deshalb konnte er nicht weiter genutzt werden.

Beim Schindergraben empfängt uns ein schattiger Weg. Überhaupt kann auf der gesamten Route selbst bei hohen sommerlichen Temperaturen angenehm gewandert werden. Der Graben erinnert an den Hohnsteiner Schinder (auch Abdecker genannt). In der Mitte des 16. Jahrhunderts wurde hier totes Vieh entsorgt. Der Graben bietet günstige Voraussetzungen für die Vegetation eines Schluchtwaldes. Das

Von Hohnstein durch die Gründe nach Rathen

zeigt sich an den Eschen sowie an der artenreichen Bodenflora (Moose, Flechten, Farne).

Bald stehen wir vor einem Wegweiser mit einem grünen Balken und einem grünen Schrägstrich. Daran orientieren wir uns bis zum Brand.

Es geht eine düstere Schlucht hinunter. Wir erreichen dann einen Abzweig. Von dort führt der Weg hinunter in das Polenztal. Wir wandern aber weiter geradeaus. Es dauert nicht mehr lange, und wir laufen über eine alte Steinbogenbrücke hinweg. Drüben steht eine Bank. Wir kommen sodann zu einer Tafel mit der Aufschrift „Kernzone des Nationalparks Sächsische Schweiz". Heute werden wir wiederholt durch die „Kernzone" wandern (vgl. Wanderung 4).

Nach der Tafel „Kernzone" führt ein kurzer Weg zu einer Aussicht hinunter in das Polenztal.

Plötzlich wird der Weg etwas rustikal. Wir sind auf dem **Halbenweg.** Baumwurzeln ragen als Stolpersteine heraus. Links hat die Natur in Jahrtausenden schroffe Felswände geformt, in denen sich Höhlen und Vertiefungen befinden. Das sind günstige Brut- und Nistplätze für den Turmfalken, Waldkauz, Uhu und Hausrotschwanz.

Danach führt bald ein kurzer Weg zur Gautschgrotte, einem geologischen Naturdenkmal. Sie wurde nach dem Dresdner Rechtsanwalt und Heimatforscher Karl Gautsch (1810-1879) benannt. Diesen Abstecher sollten wir nicht versäumen.

Sie liegt 110 m über der Bachaue des „Kalten Loches". Die Grotte wird von einem 40 m breiten Felsüberhang überwölbt. Ein Anblick von malerischer Schönheit! An seiner Oberkante tritt ab und zu

Höhenprofil Wanderung „Von Hohnstein durch die Gründe nach Rathen"

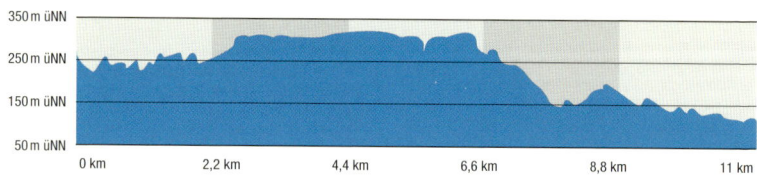

Brand-Aussicht

Wasser aus. Im Winter können deshalb großartige Eisgebilde entstehen.

Ein wenig später taucht rechts der Klettergipfel Großer Halben auf.

Nach einer Bergungsbox kommt man zum Wegweiser „Räumichtwiese" und biegt links ein. Es geht jetzt etwas bergan. Bei der nächsten Wegekreuzung (Schneise 14) wird nach rechts eingebogen. Es folgt eine recht bequeme Strecke. Vor der dann folgenden Wegsperre biegen wir nach rechts ein. Links kommen wir an der Räumichtwiese vorbei. Bald folgt ein Abzweig. Hier lenken wir unsere Schritte in Richtung Brand (Gasthaus mit Aussichtspunkt). Die Entfernung wird am Wegweiser mit 20 Minuten angegeben. Bei

normalem Wanderschritt sind aber schon 30 Minuten erforderlich.

Achtung: Gleich müssen wir nach rechts einbiegen.

An der dann folgenden Kreuzung haben wir die **Brandstraße** erreicht. Hier biegen wir nach rechts ein. Diese Straße führt nun direkt zum Gasthaus Brand. Auf dem Weg dorthin kommen wir an einem ungesicherten Aussichtspunkt vorbei. Der **Brand**, ein 317 m hohes Felsplateau, wird im Zusammenhang mit dem Tourismus erstmals im Jahre 1801 erwähnt. 1856 baute die Forstverwaltung hier zunächst ein Blockhaus, welches aber bald durch die stark anwachsende Besucherzahl den Anforderungen nicht mehr genügte. 1877 ließ man deshalb einen

Steinbau errichten. Im Jahre 1893 wurde dann ein Logierhaus gebaut.

Im historischen Blockhaus befindet sich jetzt eine Informationsstelle des Nationalparks. Wir werden gleich selbst feststellen, weshalb der Brand ein ganz besonderes Wanderziel in der Sächsischen Schweiz ist. Von der Terrasse der Brandbaude haben wir eine traumhafte Aussicht auf das Elbsandsteingebirge vom Basteigebiet (rechts) zu den Schrammsteinen sowie in das Erzgebirge und das Böhmische Mittelgebirge. Hoffentlich ist das Wetter dementsprechend! Von Hohnstein bis zum Brand trifft man auch immer wieder auf das Zeichen für den Malerweg. Recht eindrucksvolle Bilder von der Brandaussicht schufen die Maler Adrian Ludwig Richter (1803-1884) sowie sein Vater Carl August Richter (1770-1848).

Von der Brandbaude wandern wir nach Rathen. Dazu laufen wir wieder ein paar Meter zurück und biegen links in den romantischen **Schulzengrund** ein. Aufpassen: Der Wegweiser befindet sich in unserem Rücken.

Der Grund ist urig-rustikal, naturnah und abwechslungsreich. Wir steigen über Stufen und Steine. Nach ca. 25 Minuten sind wir im **Polenztal** (vgl. Wanderung 5) angekommen. Wir biegen nach links ein und laufen nach wenigen Metern auf einer Steinbrücke über die Polenz hinweg. Jenseits des Flusses biegen wir nach rechts ein (Füllhölzelweg / Rathen – roter Balken) und stehen gleich vor der **Waltersdorfer Mühle**. Heutzutage sieht man jedoch nur noch das Gebäude des 1897 im Schweizerstil erbauten Restaurants und Hotels. Die frühere Mahl- und Schneidemühle ist vollkommen verschwunden.

Wenige Meter nach der Mühle führt unsere Route steil aufwärts in Richtung des Kurortes Rathen (ca. 45 Minuten). Oben queren wir die **Ziegenrückenstraße** (Fahrstraße) und wandern nach rechts den **Koppelsgrund** hinunter.

In Rathen setzen wir mit der Fähre zum Bahnhof über.

HINWEIS

Diese Tour ist auch als Rundwanderung möglich. Dazu läuft man von der Waltersdorfer Mühle im Polenztal entlang und steigt dann beim Gasthaus „Polenztal" rechts nach Hohnstein hinauf.

HOHNSTEIN – BURGSTADT AM FELS

Die Entwicklung der auf einem Felssporn über dem romantischen Polenztal gelegenen Stadt ist eng mit der Entstehung der Burg verbunden. Bereits um das Jahr 1236 soll eine Burganlage bestanden haben. Belegt ist, dass im Jahre 1353 Hinko Berka von der Duba aus einem böhmischen Adelsgeschlecht die Burg von Kaiser Karl IV. als Lehen erhielt. Etwa hundert Jahre später erwarb der sächsische Kurfürst Friedrich II., auch der Sanftmütige genannt, die Herrschaft Hohnstein. Damit wurde sie zur Grenzfeste gegenüber Böhmen.

Als Stadt wird Hohnstein erstmals im Jahre 1445 erwähnt. Das Ackerbürgerstädtchen entwickelte sich im Verlaufe der Jahrhunderte zum Handwerkerstädtchen. Hauptsächlich Leineweber hatten sich angesiedelt. In der Mitte des 19. Jahrhunderts begann sich der Fremdenverkehr zu entwickeln. Für den gewerblichen Aufschwung und zur Förderung des Tourismus wurde eine 12 km lange Schmalspurbahnstrecke vom Bahnhof Kohlmühle (vgl. Klaus Jahn/Wandern entlang der Schmalspurbahnen) nach Hohnstein gebaut (eingeweiht 1897). Allerdings gibt es diese Verbindung seit 1951 nicht mehr.

Die Burg hat eine wechselvolle Geschichte. Verschiedene adlige Familien hatten hier ihren Sitz, bevor sie dann auch als Amtsgericht und Gefängnis genutzt wurde. Von 1926 an war die Burg die größte Jugendherberge Deutschlands. Im Jahre 1933 richteten hier die Nationalsozialisten ein Konzentrationslager ein. Im Zweiten Weltkrieg brachte man auch Kriegsgefangene aus verschiedenen Nationen unter. Heute ist die Burg wieder eine Jugendherberge, aber auch ein Naturfreundehaus und nicht zuletzt eine Mahn- und Gedenkstätte.
www.burg-hohnstein.info
Tel.: 035975 81202

7

Vom Liebethaler Grund zum Uttewalder Grund

Pirna/Liebethal – Lochmühle – Daubemühle – Mühlsdorf – Lohmen – Schleifgrund – Uttewalder Grund – Stadt Wehlen

⌐	Pirna	**ERREICHBARKEIT** Mit dem Bus G/L ab Busbahnhof Pirna (Haltepunkt 5) bis Haltestelle Liebethaler Grund.
⊢→	12 km	**EINKEHRMÖGLICHKEITEN** Bäckerei und Konditorei Walter ǀ Hohlergasse 6 ǀ 01847 Lohmen ǀ Tel.: 03501 588106
▲	144 m	Gasthaus „Waldidylle" ǀ Grundstraße 2 ǀ 01847 Uttewalde ǀ Tel.: 035024 79846 www.waldidylle-online.de Café „Marktstübchen" ǀ Am Markt 6 ǀ 01829 Stadt Wehlen ǀ Tel.: 035024 70023

Wir verlassen den Bus im Pirnaer Stadtteil **Liebethal**.
Das ehemalige Dorf wurde in einer Urkunde erstmals 1253 erwähnt, obwohl es bereits früher besiedelt gewesen ist. Im Jahre 1289 kam das „castrum Lybental" zu Böhmen und schließlich 1336 zum Bistum Meißen.
Auf der gegenüber der Haltestelle liegenden Straßenseite befindet sich ein Hinweis auf eine der ältesten Kirchen (1373) der Sächsischen Schweiz. Sie steht nur fünf Minuten von unserem Standort entfernt.
Von der Bushaltestelle laufen wir ein paar Schritte wieder zurück, und schon ist der Einstieg für den Weg durch den Liebethaler Grund erreicht. Auf dem ersten Streckenabschnitt orientieren wir uns am Wegweiser mit dem blauen Punkt.
Gleich am Eingang zum Grund sind auf einer Tafel interessante Einzelheiten zu den Wasserkraftanlagen in Pirna-Liebethal zu lesen.
Das restaurierte Kraftwerk hier an dieser Stelle kann zu besonderen Anlässen besichtigt werden. Es verfügt über zwei Francis-Spiralturbinen.
Ab und zu zweigt ein Weg nach links ab. Unsere Route verläuft jedoch stets parallel zur **Wesenitz**. Immer wieder erinnert ein Schild daran, dass wir auf einem Teil des Malerweges wandern.

Vom Liebethaler Grund
zum Uttewalder Grund

Uttewalder Felsentor

Viele Bänke bieten die Möglichkeit, in aller Ruhe die schöne Landschaft zu betrachten.

Oft hört man bereits aus der Ferne Musik. Das **Denkmal für Richard Wagner** (1813-1883) kann also nicht mehr weit entfernt sein. Bald wird der Wanderer über das große Denkmal staunen. Weshalb steht es im Liebethaler Grund?

Anlässlich des 100. Geburtstages des Komponisten entwarf der Dresdner Bildhauer Richard Guhr ein Denkmal aus weißem Marmor. Es sollte im Dresdner Großen Garten aufgestellt werden. Die Entscheidung für ein bronzenes Monument im Liebethaler Grund wurde deshalb getroffen, weil Wagner hier die ersten Kompositionsskizzen seiner Oper „Lohengrin" entworfen haben soll. Überlebensgroß ist der Komponist als Gralsritter mit Harfe und der Schale des heiligen Grals dargestellt. Und um ihn gruppieren sich Figuren, die die Elemente seiner Musik verkörpern.

Es ist eine gute Idee gewesen, in der Nähe des Denkmals eine Sitzgruppe aufzustellen sowie Musik aus Wagners romantischer Oper „Lohengrin" erklingen zu lassen.

Nach der stimmungsvollen Unterbrechung unserer Wanderung erreichen wir durch einen Torbogen die ehemalige **Lochmühle**. Dort laufen wir an der Hauswand entlang. Erstmals wird diese Mühle 1559 erwähnt. Nach einem Bergsturz musste sie 1681 abgerissen werden. 1828 brannte die neue Mühle ab, wurde wieder aufgebaut und war lange Zeit ein beliebtes Ausflugslokal. Hinter der ehemaligen Mühle wechseln wir über eine Brücke zur anderen Seite des Flusses hinüber. Dort führen Stufen hinauf zur Höhe. Wir wandern jedoch noch ein paar Meter auf dem schmalen Pfad an der Wesenitz entlang.

Auf dem Wegweiser nahe der Brücke wird auch angezeigt, dass wir Wehlen in einer Stunde erreichen werden. Das betrifft aber nicht unseren Wanderweg. Wir sind bis dorthin durch den Schleifgrund, den Uttewalder Grund und den Wehlener Grund noch gut drei Stunden unterwegs.

Wir erreichen die **Daube-Mühle**. Sie wird bereits 1465 erwähnt und hatte ehemals zwei Mahlgänge (Getreide, Graupen). Von 1875 bis 1926 wurde Holzschliff produziert. Danach nutzte man die Wasserkraft zur Stromerzeugung. 1992 wurde die Anlage modernisiert. Sie kann noch heute Strom erzeugen. Der alte Generator, der von 1916 bis 1992 in Betrieb war, ist als technisches Denkmal im Mühlengebäude zu sehen.

Bei der Daube-Mühle queren wir die Wesenitz ein vorletztes Mal.

Etwas steil geht es sogleich hinauf in den schmucken Lohmener Ortsteil **Mühlsdorf** (bekannt seit 1443).

In Mühlsdorf biegen wir nach rechts ein und beachten auf dem Weg durch den Ort und auch danach das Zeichen für den Malerweg.

Wir erreichen dann einen Abzweig. Rechts führt die Alte Lohmener Straße zum Ort Lohmen. Wir biegen jedoch nach links ein (Wegweiser Koordinatenstein).

Wir wandern jetzt ein Stück auf der Höhe.

Unterwegs lohnt auch immer wieder ein Blick zurück. Man sieht in der Ferne den Lilienstein sowie auch die Festung Königstein.

Am Waldrand wird nach rechts eingebogen. Dort zeigt ein Wegweiser nach Lohmen und zum Uttewalder Grund (gelber Balken). Das ist unsere Richtung. Eichen spenden uns (bei sommerlichen Temperaturen) auf dem Weg am Waldesrand wohltuenden Schatten.

Wir kommen am **Mühlsdorfer Koordinatenstein** (235 ü. NN) vorbei. Dort stehen zwei Bänke

Höhenprofil Wanderung „Vom Liebethaler Grund zum Uttewalder Grund"

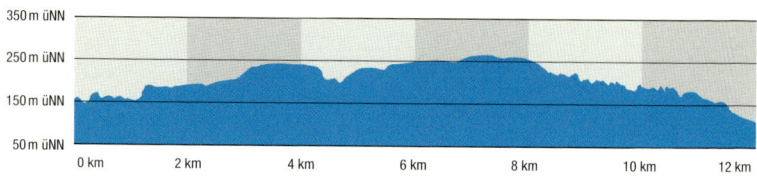

für eine gemütliche Rast. Es geht dann links in den Wald hinein, und bald führt rechts ein sehr schöner Waldweg leicht abwärts.

Plötzlich erwartet uns eine kleine touristische Einlage. Ein Pfad mit rustikalen Stufen führt steil abwärts. Hier ist etwas Vorsicht geboten.

Wir sind in der **Lohmener Klamm**. In der romantischen Klamm hat sich die Wesenitz ihren Weg durch den Sandstein gebahnt.

Man quert die Wesenitz und steigt jenseits des Flusses die Stufen hinauf. Oben führt unsere Route nach rechts weiter. Bald passieren wir einen Tunnel, erreichen eine Wegegabelung und biegen nach links zur **Fahrstraße** ein. Auch dort halten wir uns links. Nur wenige Meter müssen wir auf der Fahrstraße laufen. Beim Rondell wird nach rechts eingebogen.

Am **Waldrand** erscheint dann etwas versteckt das Symbol für den Malerweg. Die Richtung, die uns hier angezeigt wird, dürfen wir ernst nehmen. Der Weg führt tatsächlich auf einem schmalen **Pfad auf der Weide** entlang, an dessen Ende ein einzeln stehender Baum zu sehen ist. Über die offene Feldflur wandern wir dann nach **Lohmen**.

Auf unserer heutigen Wanderung erleben wir nur einen sehr kleinen Abschnitt des lang gestreckten Ortes am Eingang zur Sächsischen Schweiz. Die Dorfstraße zieht sich ca. 2,5 km hin. Man könnte Lohmen durchaus als Städtchen bezeichnen.

Für einen nächsten Wandertag sollten wir uns das restaurierte Schloss sowie die Dorfkirche vormerken.

Die Anfänge des Schlosses liegen in der ersten Hälfte des 16. Jahrhunderts. Ab 1619 gehörte es zum Besitz der Wettiner. Der

Gutshof entwickelte sich zu einem wichtigen Kammergut des sächsischen Hofes.

Ein Gotteshaus gab es bereits 1292. Die heutige barocke Kirche entstand ab 1786.

Am **Ortseingang** beachten wir unser Richtungsschild „**Uttewalder Grund**". An der **Friedenslinde** befindet sich dann schon wieder ein Wegweiser. Hinter Lohmen wandern wir auf dem **Brückwaldweg** wieder ins Tal hinunter. Dort biegen wir rechts in den **Schleifgrund** ein. Dieser geht unbemerkt in den **Uttewalder Grund** über. Der Liebethaler Grund ist

schön, aber der Schleifgrund und der Uttewalder Grund sind noch schöner.

Wir erleben märchenhafte, idyllische Schluchten. Die Sandsteinfelsen sind üppig mit Moosen und Farnen bewachsen. Die engen Gründe werden auf beiden Seiten von steilen Wänden gesäumt. Überall bizarre Felsgebilde. Eine bezaubernde Natur. Und dann: Das Uttewalder Felsentor – entstanden an einer engen Stelle durch herabgestürzte Sandsteinblöcke. Wir erreichen das Gasthaus „Waldidylle" und wandern von hier durch den Wehlener Grund

Blick auf Stadt Wehlen

nach **Stadt Wehlen**. Dort sollten wir wegen der Aussicht links die Stufen zu den Resten der Burgruine hinaufsteigen. Schon in einer Urkunde von 996 wird die Wehlener Burg als Grenzlandburg erwähnt. Demzufolge muss die Burganlage viel älter sein.

Auf der anderen Seite der Ruine steigen wir zum Marktplatz hinunter. Neugierig macht uns dort bestimmt auch die ab 1883 im neoromanischen Stil erbaute Kirche. Mit der **Fähre** setzen wir zum **Bahnhof** nach Dorf Wehlen über.

> **HINWEIS**
> Für diese Wanderung ist stabiles Schuhwerk und auf einem kurzen Wegstück auch Trittsicherheit erforderlich.

LIEBETHALER GRUND

Schon auf den ersten Metern spürt man, dass die Tour durch eine außergewöhnlich reizvolle Gegend führt: Das Flussufer ist mit einer von Moos bewachsenen Steinmauer eingefasst, dazwischen stehen üppige Farne, und Blumen leuchten uns entgegen. Ein enges, feuchtes und schattiges Tal - dies ist das charakteristische Merkmal des Liebethaler Grundes. Zerklüftete Felswände, hohe Bäume und das Rauschen oder auch nur leise Plätschern der Wesenitz verleihen dem Grund eine besondere Atmosphäre.

Die Wesenitz entspringt in der Lausitzer Granitlandschaft am Südosthang des Valtenberges aus dem Mundloch eines Bergwerkstollens auf einer Höhe von 515 m ü. NN. Sie mündet nach 83 Kilometern in Pratzschwitz bei Pirna in die Elbe.

Mit der Wasserkraft der Wesenitz wurden einst viele Mühlen – Mahlmühlen, Sägewerke und Schleifmühlen – betrieben. Und nicht zuletzt die Wasserkraftanlagen im Bereich unserer heutigen Wanderung. Am Liebethaler Wehr wurde unlängst die Fischtreppe rekonstruiert, damit die Fische wieder ungehindert wandern können. Angler fangen in der Wesenitz u.a. Bachforellen, Döbel, Rotfedern und auch kleine Barsche.

Vom Amselgrund zum Schwarzberggrund

Rathewalde/Zum Amselgrund – Am Grünbach – Rathewalder Mühle – Amselfall – Amselsee – Rathen – Bastei – Schwarzberggrund – Stadt Wehlen

ERREICHBARKEIT Von Pirna mit dem Bus 237 bis Rathewalde/Zum Rundblick. **EINKEHRMÖGLICHKEITEN** Gaststätte „Lindengarten" | Am Grünbach 1 | 01848 Hohnstein | Tel.: 035975 81317 info@lindengarten-rathewalde.de	Rathe-walde ⬏
Amselfallbaude | Tel.: 035026 91560 | Knaak.uwe@web.de	8,5 km ↦
Café „Marktstübchen" | Am Markt 6 | 01829 Stadt Wehlen | Tel.: 035024 70023	196 m ▲

Mit dem Bus erreicht man über den lang gestreckten Ort Lohmen in 30 Minuten den Ausgangspunkt der Tour. Das Reihendorf Rathewalde gehörte vor Jahrhunderten zur Burg Rathen. Seine Bewohner waren zu vielen Diensten in der Umgebung verpflichtet (u. a. Baudienste auf Schloss Sonnenstein in Pirna, Wasserziehen auf dem Königstein, Pflege des Wildzaunes an der böhmischen Grenze, Hilfsdienste bei der Jagd). Von der Bushaltestelle laufen wir noch ein paar Meter in Fahrtrichtung und biegen dann rechts auf die Straße **Zum Amselgrund** ein. Abwärts geht es durch den einladenden Ort direkt in den Amselgrund hi-

nein. Unterwegs sehen wir beim Feuerlöschteich (links) auch ein Wassertretbecken. Auf der rechten Straßenseite steht ein Fachwerkbau. Es ist das Geburtshaus von Alwin Rotzsch (1883-1912), dem ersten Mundarterzähler der Vorderen Sächsischen Schweiz. Die kleine evangelische **Dorfkirche** ist nicht zu übersehen. Das Schild „Offene Kirche" lockt den Wanderer einzutreten. Außen wie im Inneren ist sie ein wahres Schmuckstück. Ihre Geschichte reicht bis zum Jahre 1647 zurück. Jedoch wurde sie im Verlaufe des Dreißigjährigen Krieges schon wieder zerstört und danach aber auf ihren romanischen Grundmauern neu errichtet.

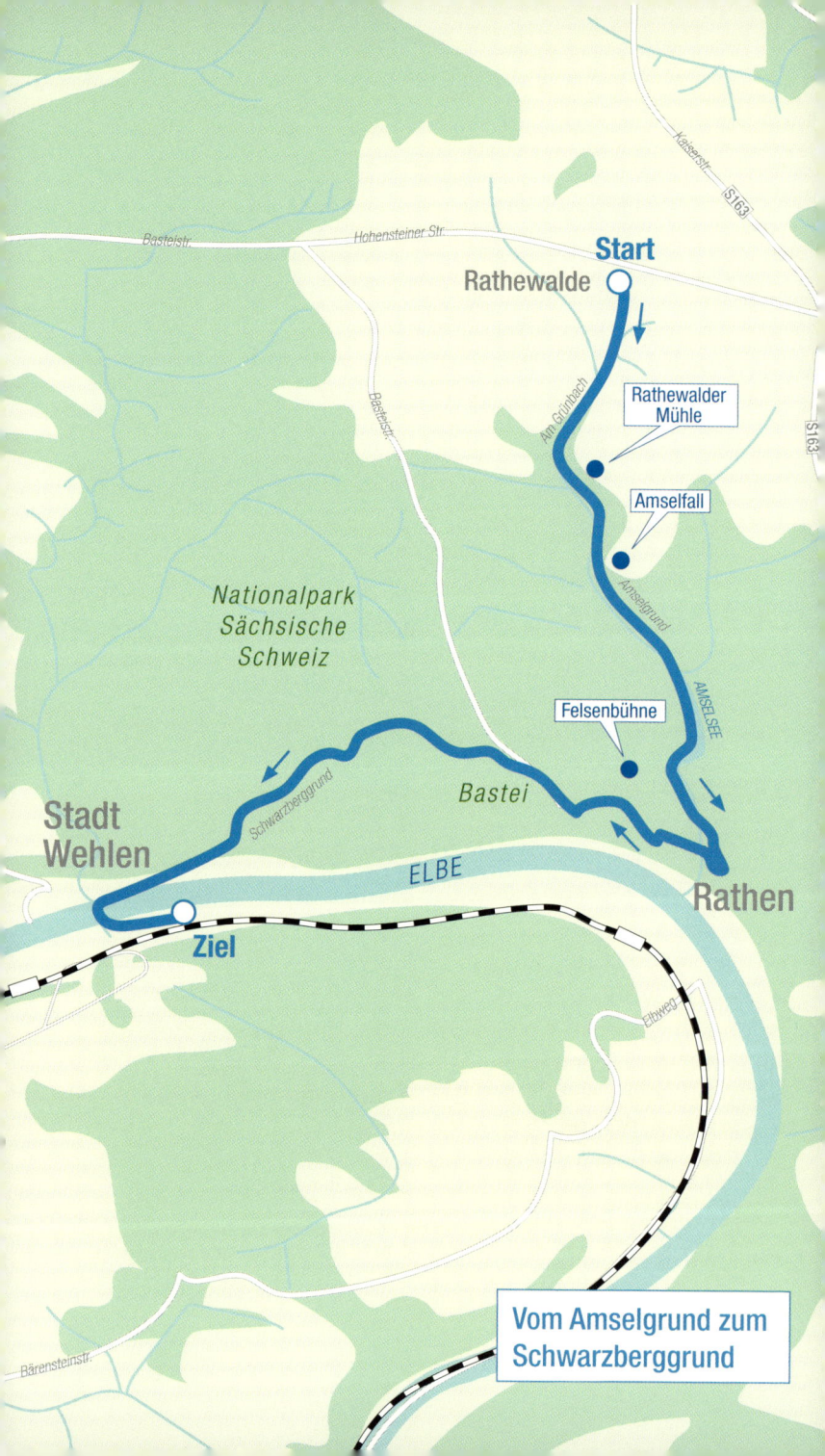

Vom Amselgrund zum Schwarzberggrund

Der Altarraum beeindruckt mit seiner Schlichtheit. Im Hintergrund strahlt das Tageslicht bunte Glasfenster an.

Weiter geht es auf der Straße Zum Amselgrund abwärts. Wir kommen zu einer Weggabelung und zweigen dort nach links ab. Damit befinden wir uns auf der Straße **Am Grünbach**. Der Grünbach wird uns jetzt längere Zeit begleiten. Er entspringt an der Südseite der Hohburkersdorfer Höhe, passiert den Amselfall sowie den Amselsee und mündet in Rathen in die Elbe. Der meist wasserarme kleine Bach hat jedoch nach wolkenbruchartigen Regenfällen wiederholt seine zerstörende Kraft bewiesen. Nach dem Gasthaus „Lindengarten" erreichen wir am Taleingang die **Rathewalder Mühle**.

Früher standen in Rathewalde zwei Mühlen. Die im Jahre 1699 in der Nähe der Kirche erbaute Dorf- oder Obermühle gibt es nicht mehr. Das Baujahr der Rathewalder Mühle, früher als Nieder- oder Lochmühle bezeichnet, ist nicht bekannt. Sie wird aber bereits um 1600 im Kartenwerk des kursächsischen Landvermessers Matthias Oeder erwähnt. Sie war sowohl Mahl- als auch Schneidemühle. Heute kann man hier manchmal einkehren (Tel.: 035975 84360). Und jetzt führt unsere Route durch eine einzigartig enge romantische Felsenschlucht. Ein traumhafter Anblick; wir wandern hier ja auch auf dem Malerweg. Entstanden ist diese Landschaft durch die enormen Wassermengen des abschmelzenden Eises nach der ersten Eiszeit.

Kirche Rathewalde

Höhenprofil Wanderung „Vom Amselgrund zum Schwarzberggrund"

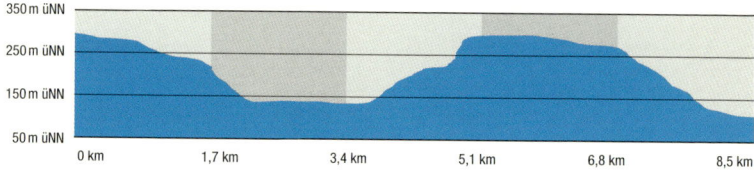

Über rustikale Stufen erreichen wir den **Amselfall**. An dieser Stelle ergießt sich der Grünbach über dem Amselloch, einer 15 Meter langen Höhle. Analog dem Lichtenhainer Wasserfall kann mittels einer Wehrschütze ein schwallartiger Abfluss erzeugt werden.

In der **Nationalpark-Informationsstelle** erhält man einen Überblick zur Geologie sowie zur Tier- und Pflanzenwelt des Amselgrundes. Hauptthemen sind das Totholz, der Schluchtenwald und die historische Entwicklung der Amselfallbaude.

Bei der Baude orientieren wir uns am Wegweiser „Amselsee/ Rathen". Kurz vor dem See gibt es wieder eine Möglichkeit zum Wassertreten im Grünbach.

Der **Amselsee** ist ein besonderer Anziehungspunkt. Er wurde 1934 angelegt, um Touristen in den Amselgrund zu locken. Eine Gondelpartie auf dem kleinen Stausee kann zu einem besonderen Erlebnis werden, wenn man außer dem Ruder auch noch die Felsenkulisse im Blick hat.

Ansonsten bietet sich von der Brücke bei der Staumauer ein hübsches Fotomotiv zur Erinnerung an: die Lokomotive im Mittelpunkt, rechts davon das Lamm und links der Bienenkorb sowie das Storchennest. Alles bedeutsame Kletterfelsen. Ein breiter Waldweg führt vom Amselsee in den **Kurort Rathen**. Dabei zweigt ein Fußweg zur Felsenbühne ab. Auf dieser 1936 eröffneten Naturbühne mit der malerischen Felsenkulisse im Wehlgrund zwischen dem Großen Wehlturm und der Kleinen Gans haben dramatische Stücke eine besondere Wirkung auf den Zuschauer. Rathen erreichen wir beim Hotel „Amselgrundschlösschen". Bis hierher sind wir etwa vier Kilometer gewandert. Die weitere Tour verläuft jetzt über die

Bastei und durch den Schwarzberggrund hinunter zum Elbtal in das Städtchen Wehlen (ca. 5 km).

Es sind jedoch auch folgende Varianten möglich:

In Rathen mit der Fähre zur S-Bahn übersetzen.

Von Rathen im Elbtal nach Wehlen wandern (ca. 3,5 km).

Der **Aufstieg zur Bastei** beginnt auf den Stufen gegenüber vom „Amselgrundschlösschen" und führt dann durch einen Buchenwald. Auf dieser Strecke kommen wir an der Felsenburg Neurathen vorbei.

In verschiedenen Chroniken früherer Jahrhunderte wird für die Jahre 1261 und 1268 eine Burg Rathen erwähnt.

Allerdings ist nicht bekannt, um welche der beiden Rathener Burgen es sich dabei handelt. Die Burgen gehörten böhmischen Adelsgeschlechtern und nach erbitterten Kämpfen den sächsischen Kurfürsten.

Bei einem Rundgang durch die verschiedenen Höfe und Räume der Neurathener Felsenburg erhält der Besucher einen packenden Einblick in eine ursprünglich hölzerne mittelalterliche Wehranlage.

Über die **Basteibrücke** hinweg erreichen wir die Hochfläche. Im Jahre 1825 wurde zunächst eine hölzerne Brücke über die Tiefen der Mardertelle gebaut. Wegen der steigenden Besucherzahl musste diese 1851 durch

Blick vom Amselsee zur Lokomotive

Blick von der Bastei über das Elbtal zum Lilienstein

ein steinernes Bauwerk ersetzt werden. Sie hat eine Länge von 76,5 Metern und überspannt mit sieben Bögen die 40 Meter tiefe Schlucht.

Mehrere Aussichtspunkte geben von der Hochfläche den Blick frei auf die imposante Felsenlandschaft der Sächsischen Schweiz. Ein wunderschönes Erlebnis.

Die letzte Station unserer Wanderung ist das **Städtchen Wehlen**. Vorbei am Berghotel führt unsere Route jetzt auf dem **Fremdenweg** entlang. Gegenüber vom **Parkplatz** wird nach links in Richtung **Steinerner Tisch** (roter Punkt) eingebogen. Dort ließ August der Starke für ein fürstliches Essen anlässlich einer Jagd einen steinernen Tisch bauen.

An dieser markanten Wegkreuzung biegen wir nach links

ein (Schild: Steinrücken oder Schwarzberggrund). Es geht jetzt wieder talwärts. Zunächst läuft man auf dem **Steinrückenweg** und biegt dann von diesem nach links auf den **Schwarzbergweg** ein. Anfangs wandern wir auf einem bequemen Waldweg. Man kommt zu einem Aussichtspunkt. Von dort geht es einen längeren Abschnitt auf ausgetretenen Felsstufen hinab. Hier ist Trittsicherheit erforderlich.

In Wehlen laufen wir ein paar Meter flussabwärts bis zur Fährstelle. Von dort setzen wir zur S-Bahn über. Vorher ist noch ein Abstecher zum kleinen Marktplatz mit der Radfahrerkirche zu empfehlen. Unterwegs sind an mehreren Grundstücken Markierungen zum Augusthochwasser 2002 angebracht.

Vom Trebnitzgrund in das Seidewitztal

Oberschlottwitz – Berthelsdorf – Liebstadt – Seitenhain – Oberschlottwitz

ERREICHBARKEIT
Mit der Städtebahn 72 bis Oberschlottwitz oder mit dem Pkw bis zum Parkplatz beim Bahnhof Oberschlottwitz.
EINKEHRMÖGLICHKEITEN
Gasthof Berthelsdorf | Berthelsdorf Nr. 19 | 01825 Liebstadt | Tel.: 035025 50394

Ober-schlottwitz

12 km

205 m

Die Städtebahn hat uns in das Müglitztal gebracht. Den Bahnhof verlassen wir nach rechts. Wir queren die **Landstraße** und sehen auch schon den **Wegweiser in den Trebnitzgrund**. Überhaupt ist der Weg bis nach Liebstadt gut ausgeschildert. Bald danach queren wir die Müglitz.

Auf der rechten Straßenseite werden wir darauf aufmerksam gemacht, dass hier früher die **Herrenmühle** stand.

Wir befinden uns jetzt im Übergangsgebiet vom Elbsandsteingebirge zum Osterzgebirge. Am Ausgang des 13. Jahrhunderts brachten Bergleute aus der Umgebung das gebrochene Eisenerz nach Oberschlottwitz. In der waldreichen Gegend gab es genügend Holzkohle zum Schmelzen. Aus unterschied-lichen Gründen (Rückgang der Erzgewinnung, Holzmangel) war der Hüttenbetrieb im Verlaufe der Zeit nicht mehr ertragreich. 1657 wurde deshalb das Anwesen zu einer Mahl- und Brettmühle (Sägewerk) umgebaut. Und reichlich 250 Jahre danach richtete man in den Gebäuden eine Schankwirtschaft ein. Ab 1955 produzierte darin ein feinmechanischer Betrieb.

Nach wenigen Schritten fließt links unseres Wanderweges der Trebnitzbach. Dort kommen wir an der früheren **Elisabethmühle** vorbei.

Ihre Geschichte reicht bis in das Jahr 1845 zurück. Damals entstand zunächst eine Schmiede. Später wurde mit der Wasserkraft der Trebnitz bis 1949 ein Sägewerk betrieben. Zuletzt

Vom Trebnitzgrund in das Seidewitztal

Oberschlottwitz

Start
Ziel

Seitenhain

Schloss
Kuckuckstein

Liebstadt

Neu-
dörfel

Berthelsdorf

Seide-
witztal

existierte auch hier ein feinmechanischer Betrieb.

Ein kurzes Wegstück nach der Elisabethmühle können wir an einer Tafel die Sage von der „Wüsten Mühle" lesen. Keine Sage, sondern wahr ist Folgendes:

In dieser Gegend wurde bereits unter Karl IV., König von Böhmen, der Halbedelstein Achat gebrochen. Von 1775 bis 1791 verfügte der Dresdner Hofjuwelier Johann Christian Neuber über den Bruch. In der darauffolgenden Zeit gab es immer wieder ein Auf und Ab in der Förderung. Zuletzt wurde der Abbau 1985 wieder belebt; inzwischen ist er jedoch eingestellt.

Unsere Route verläuft zunächst ein paar Meter parallel zur **Fahrstraße**. Gleich nach dem Wegweiser „Neudörfel" beginnt der Wanderweg durch das **Naturschutzgebiet Trebnitzgrund** (gelber Balken). Hier be-

findet sich der erste Rastplatz. Schon bald geht die Tour links auf einem Waldweg weiter. Wir wandern auf einem schönen schattigen Weg an der Trebnitz entlang. Nur selten trifft man andere Wandersleute. Die Ruhe im Tal wird nur durch das fließende Wasser sowie ein vielstimmiges Zwitschern der Vögel unterbrochen.

Wir kommen an einer historischen **Steinbrücke** vorbei. Vermutlich existierte an dieser Stelle nur eine Holzbrücke für den Kirchstieg nach Liebenau. Durch Hochwasser wurde sie immer wieder beschädigt oder auch vollkommen weggerissen. Deshalb baute man vor langer Zeit eine Steinbrücke, die in neuester Zeit restauriert wurde. Bald danach wandern wir an einer Weide entlang. Dann erreicht man ein Schild, das den Weg zum Gasthof Berthelsdorf zeigt. An dieser Stelle biegen wir nach links ein und verlassen

Höhenprofil Wanderung „Vom Trebnitzgrund in das Seidewitztal"

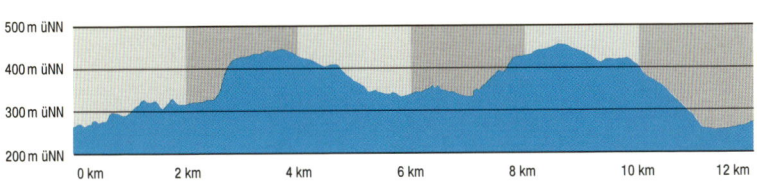

Im Trebnitzgrund

somit den Trebnitzgrund. Etwa eine Stunde sind wir bisher unterwegs.

Es geht jetzt gehörig steil bergauf. Oben erwartet uns aber ein Rastplatz. Dort befindet sich auch wieder ein Wanderwegweiser. Wir wollen nach Liebstadt, also biegen wir nach links ein. Der Weg führt durch die Felder.

Wir erreichen ein Wäldchen und halten uns danach rechts. Später kommen wir zur Landstraße, die nach **Berthelsdorf** führt. Hier biegen wir nach links ein und wandern auf dieser in den Ort hinunter.

Achtung: Nicht den von der Landstraße nach rechts abbiegenden verlockenden Feldweg nutzen!

Vom Ortseingangsschild laufen wir die Straße hinunter. Links sieht man einen Hofladen. Wir kommen am Gasthof vorbei und halten uns danach rechts. Von der **Dorfstraße** biegt links der Weg über den **Gänsehals** nach Liebstadt ab. Bald sehen wir von der Höhe das Schloss Kuckuckstein. Wir kommen dann zu einer Gabelung. Es geht steil abwärts und nach rechts. Nach dem Gänsehals blicken wir direkt auf das Schloss. Dann ist die Straße plötzlich zu Ende. Unsere Route führt jetzt einen **Wiesenweg** entlang.

Unten im kleinen Städtchen **Liebstadt** sind wir im **Seidewitztal** angekommen. Bis hierher sind wir etwa neun Kilometer gewandert. Wir biegen nach links ein.

Die Seidewitz, ein linker Nebenfluss der Gottleuba (vgl. Wanderung 12), entspringt in der Nähe von Breitenau. Sie mündet nach 25 km in Pirna in die Gottleuba.

Vom 15. Jahrhundert an nutzte man die Wasserkraft der Seidewitz zum Betreiben von Säge-, Mahl-, Schrot- und Ölmühlen, die jedoch alle inzwischen stillgelegt sind.

Unsere Route führt jetzt an mittelalterlichen Sühnekreuzen vorbei. Sie mussten als Sühne für einen begangenen Mord oder eine andere Missetat errichtet werden.

Wir sollten nicht achtlos vorübergehen.

Beim **Markt** ist auch das Richtungsschild zum **Schloss Kuckuckstein** zu sehen.

Höchstwahrscheinlich existierte bereits um 930 während der Eroberung sorbischer Siedlungs-

Schloss Kuckuckstein

plätze durch König Heinrich I. eine Burg als Grenzfeste (vgl. Klaus Jahn: Stadtspaziergänge in Sachsen/Teil Meißen). Urkundlich wird ein Schloss erstmals im Jahre 1410 in einem Lehensbrief für Günther und Heinrich von Bünau erwähnt. Die Familie von Bünau besaß das Anwesen bis 1655. Von 1775 bis 1931 gehörte das Schloss samt dem Rittergut zum Besitz der einflussreichen Adelsfamilie von Carlowitz. Nach verschiedenen weiteren Besitzern wurde es schließlich als Volkseigentum von der Stadt Liebstadt verwaltet. Jetzt gehört das Schloss der Global Castle Management GmbH mit Hauptsitz in Wien. Über Besichtigungen und Führungen durch die überaus romantische Anlage kann man sich unter Tel.: 035025 12770 oder museum@schlosskuckuckstein.de erkundigen. Unterhalb der **Kirche** hat der Wanderer sicherlich den Wegweiser nach **Oberschlottwitz** (roter Balken), also für unseren Rückweg, entdeckt. Es ist anzunehmen, dass es in Liebstadt schon in der ersten Hälfte des 14. Jahrhunderts ein Gotteshaus gab. Das heutige Bauwerk entstand um 1500.

Die Renaissance-Kanzel (1577) ziert das Wappen der Familie von Bünau. Die Orgel (1892) stammt aus der Werkstatt der noch heute in Dresden ansässigen Firma Jehmlich. Von der Kirche wandern wir zunächst bald auf einem schattigen **Waldweg** ein ganzes Stück aufwärts wieder aus dem Seidewitztal hinaus. Nach dem Wald biegen wir rechts nach **Seitenhain** ein. Dort verläuft unsere Route bei der **Wegsäule** (**Schlottwitz 2,1 km**) nach links und immer geradeaus. Man erreicht eine Hütte, läuft an dieser rechts vorbei und wandert bald durch hohes Gras. Keine Angst. Wir befinden uns auf dem richtigen Weg. Nach der Kuppe geht es dann stets bergab nach Schlottwitz. Es ist ein ganz uriger Weg. Fast unten im Tal steht nochmals für uns ein Wegweiser. In Schlottwitz erreichen wir einen Splittweg, biegen nach links ein und wandern in Richtung Hauptstraße. Dort biegen wir nach links zum Bahnhof bzw. zum Parkplatz ein.

HINWEIS
Für diese Tour ist Verpflegung aus dem Rucksack zu empfehlen.

DER TREBNITZGRUND

Im Trebnitzgrund wandern wir durch ein Naturschutzgebiet.

Der Name „Trebnitz" ist aus dem Slawischen abgeleitet und bedeutet so viel wie „Waldbach".

Das Flüsschen Trebnitz ist 12 km lang. Seine Quelle befindet sich östlich von Liebenau. Bei Oberschlottwitz mündet die Trebnitz in die Müglitz (vgl. Wanderung 11). Der naturbelassene Grund ist ein beliebtes Ausflugsgebiet. Der Wanderer trifft hier eine artenreiche Pflanzen- und Tierwelt an. Im engen und tief eingeschnittenen Tal gibt es abwechslungsreiche Waldgesellschaften. An den Hanglagen stehen Bergahorn, Esche, Winter- und Sommerlinde, Trauben- und Stieleiche sowie auch Buchen.

Im Frühling, wenn das Kronendach der Laubbäume hinreichend Licht hindurchlässt, können wir uns nach der langen Winterzeit an zahlreichen Frühlingsboten erfreuen. Dazu gehören das Buschwindröschen und auch das Lungenkraut. Ab und zu entdeckt man ebenso das Leberblümchen. Und natürlich riecht es schon von Weitem nach Bärlauch, dieser alten Heilpflanze. Achtung: Der Bärlauch wird gern gepflückt. Er steht deshalb im unteren Abschnitt des Trebnitzgrundes unter Naturschutz. Im Flüsschen tummeln sich Bachforellen, Groppen und Schmerlen. Grazil spazieren am Ufer Wasseramseln und Gebirgsstelzen; den scheuen Eisvogel werden wir wahrscheinlich nicht sehen. Selbstverständlich haben im Grund viele Arten von Waldvögeln ihr Zuhause.

10

Von Großsedlitz in das Müglitztal

Großsedlitz – Barockgarten – Krebs – Meusegast – Weesenstein

Großsedlitz	**ERREICHBARKEIT** Mit der S-Bahn bis Heidenau-Großsedlitz. **EINKEHRMÖGLICHKEITEN**
8 km	**Schlossbrauerei Weesenstein** | Am Schlossberg 1 | 01809 Müglitztal Te.: 035027 42004 | E-Mail: braumeister@weesenstein.de
157 m	**Café „Kaiserstüb´l"** | Altenberger Straße 12 | 01809 Müglitztal Tel.: 035027 62777 | E-Mail: cafe-kaiserstuebl@arcor.de
	Zur Schmiede | Neubauernweg 1 | 01809 Heidenau | Tel.: 03529 521875

Unsere Wanderung führt zuerst von **Kleinsedlitz** im **Elbtal** hinauf nach **Großsedlitz**. Dazu verlassen wir den Bahnhof nach links. Bereits am Ausgang trifft man auf einen Wanderwegweiser zum Barockgarten (roter Punkt).

Wir queren die Fahrstraße und stehen schon wieder vor Orientierungsschildern. Dort werden wir vor eine Entscheidung gestellt, denn es gibt zwei gleichermaßen hübsche Wege zur Höhe hinauf. Der linke Weg, die etwas längere Apfelallee, ist für Liebespaare gedacht. Und der etwas kürzere, rechts verlaufende Weg, die Kastanienallee, wird älteren Ehepaaren empfohlen. Für Wanderer, die aus der Puste kommen, wurden mehrere Bänke aufgestellt.

Selbstverständlich dürfen auch Singles auf diesen Pfaden wandern!

Wir wählen die **Kastanienallee**. Gleich nach den ersten Metern kommen wir zu einem Froschteich.

Er ist eine Station des MärchenLebensPfades. Jede der 19 künstlerisch gestalteten Stationen verkörpert ein Märchen aus dem reichen Schatz der Gebrüder Grimm und die darin enthaltene Lebensweisheit.

Hier an dieser Stelle geht es um den „Froschkönig". Der Frosch sitzt auf dem Brunnenrand und bewacht die goldene Kugel. Dieser Pfad ist bestimmt nicht nur für Kinder gedacht. Auch Erwachsene sollten sich ein wenig Zeit nehmen, um persönliche Antworten auf die im

ELBE

Pirnaer Str.

172

Haupstraße

Start

Kleinsedlitz

Sedlitzer Str.

Parkstraße

Großsedlitz

Kütschweg

Am Hasensprung

*Barockgarten
Großsedlitz*

17

Schiffteichweg

172a

Kirchweg

17

Krebs

Köttewitz

Taglitzer Poststr.

Krebser

Schloss
Veesenstein

Ziel

Weesenstein

Am Ziegenrücken

Meusegast

Am Ziegenrücken

**Von Großsedlitz in
das Müglitztal**

Höhenprofil Wanderung „Von Großsedlitz in das Müglitztal"

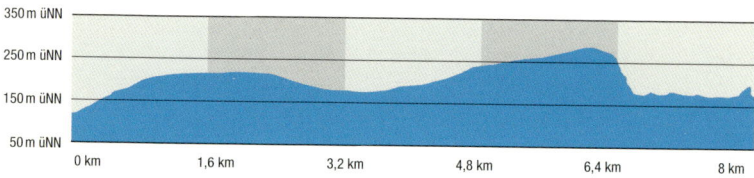

aufgeschlagenen Buch gestellten Fragen zu finden. Zwischen den prächtigen Kastanienbäumen an unserem Weg stehen Holundersträucher. Nicht selten kann man auf dieser Strecke beobachten, wie Eichhörnchen, auch dunkle, behände in den Bäumen klettern.

Von der Höhe haben wir einen weiten Blick auf die rechtselbische Landschaft.

Am Ende des Weges, der uns direkt zum Eingang des Barockgartens führt, steht ein Wegweiser für die weitere Strecke nach Weesenstein. Wir treffen dort auf eine weitere Station des MärchenLebensPfades.

Im Barockgarten Großsedlitz (www.barockgarten-grosssedlitz.de/ Tel.: 03529 56390) werden wir einen unvergesslichen Eindruck von barocker Gartenbaukunst erleben. Gleich zu Beginn des Rund-

gangs hat man einen umfassenden Blick auf die weiträumige terrassierte Anlage. Bunte Rabatten sind entsprechend der Jahreszeit bepflanzt. Aus Wasserbecken sprudeln Fontänen. 60 Skulpturen, davon 24 Originale, schmücken den Garten. Hunderte Kübelpflanzen stehen im Areal, davon eine Vielzahl Pomeranzen. Man spaziert entlang an dichten hohen Hecken. Den Grundstein zu dieser einzigartigen Anlage legte im Jahre 1719 August Christoph Graf von Wackerbarth (vgl. Klaus Jahn/Wanderbuch Sächsisches Weinland). Er beauftragte den Architekten und Baumeister Johann Christoph Knöffel mit dem Bau eines Schlosses und der Gestaltung eines Schlossgartens. Nach ein paar Jahren wurde August der Starke auf diesen wunderschönen Garten aufmerksam, er kaufte diesen Wackerbarth ab (der sich vermutlich nicht ganz freiwillig davon trennte) und ließ die Anlage nach seinen Wünschen umgestalten.

Nach dem Besuch des Barockgartens biegen wir links ein und spazieren durch den Ort. Wir erreichen eine Kurve. Dort geht es aber weiter geradeaus, und zwar auf dem **Neubauernweg**. Bald sehen wir auch einen gelben Punkt. An diesem orientieren wir uns bis hinunter in die Ortschaft Krebs. Beim Blumen-Center halten wir uns also links und wandern

jetzt ein Stück auf der wenig befahrenen Landstraße. Bei günstiger Witterung hat man eine eindrucksvolle Fernsicht auf die Tafelberge der Sächsischen Schweiz.

Beim Schild „Krebs 1,5 km" führt unsere Route durch einen Tunnel, über den die Bundesstraße 172a verläuft, und den **Hohlweg** abwärts. Allerdings haben sich die Landvermesser offensichtlich geirrt, denn diese Strecke ist wesentlich kürzer. Am Ortseingang von **Krebs**

Untere Orangerie im Barockgarten Großsedlitz

achten wir auf den Wegweiser nach Meusegast und nach Weesenstein. Den ersten urkundlichen Nachweis des kleinen Dorfes gibt es aus dem Jahre 1288. Bemerkenswert sind die hohen Toreinfahrten, welche die vor langer Zeit angelegten Bauerngehöfte zur Dorfstraße hin abschließen.

Nach Krebs halten wir uns links. Die Autobahn (A 17) ist nicht zu übersehen. Bevor wir diese unterqueren, weist eine Tafel auf die „Alte Dresden-Teplitzer-Poststraße" hin. Auf ihr waren bis zur Mitte des 19. Jahrhunderts zwischen Dresden und Böhmen berittene Postboten unterwegs.

Nach der Autobahn geht es in linker Richtung weiter. Auf einem rustikalen Weg wandern wir hinauf nach **Meusegast**. Bald steigt uns typische „Landluft" in die Nase. Landwirtschaft gibt es also in dem ebenfalls 1288 erstmals erwähnten Dorf noch immer.

Bei der Bushaltestelle biegen wir nach links ein, und nach wenigen Metern zeigt bei einem Forsythienstrauch das Schild „Schloss Weesenstein" den Weg nach rechts. Bis zum einladenden Rastplatz sind es nur noch einige Schritte. Auch

von dort haben wir wieder einen faszinierenden Blick in das Elbtal. Frisch gestärkt beginnen wir die letzte Etappe unserer Tour.

Am Waldesrand zeigt ein Schild den Weg zum Bahnhof Weesenstein. Dort wollen wir jetzt aber noch nicht hin. Wir laufen in das Wäldchen hinein. Nach kurzer Zeit stehen wir vor den Resten eines um 1770 errichteten Belvederes. Leider wurde das bestimmt reizvolle Schlösschen in Notzeiten abgerissen, um Baumaterial zu gewinnen.

Nach rechts kommt man zu einem Aussichtspunkt. Dort steht auch das Richtungsschild zum **„Schloss Weesenstein"**. Auf einem steilen Abstieg ist nach wenigen Minuten das eindrucksvolle Schloss-Ensemble im Müglitztal erreicht. Ein herrlicher Anblick!

Wir verlassen das Areal zum Ort hin und biegen dort links ein. Gegenüber der Mühlenbäckerei queren wir die **Müglitz**. Diesseits der Brücke ist eine Tafel mit Informationen zur Hochwasserkatastrophe im August 2002 angebracht. Den **Bahnhof Weesenstein** erreichen wir nach etwa 800 Metern flussabwärts.

SCHLOSS WEESENSTEIN

Das Schloss steht im Müglitztal weithin sichtbar auf einem Felssporn.

Seine Geschichte begann im frühen Mittelalter als Grenzfeste zwischen der Mark Meißen und dem Königreich Böhmen. Vermutlich stand auf dem Berg zuerst ein schlichter Holzbau. Eine Burg wird erstmals im Jahre 1318 urkundlich erwähnt. Damals herrschten in dieser Gegend die Burggrafen von Dohna. 1406 belehnte Markgraf Wilhelm I. von Meißen Günther von Bünau für seine Verdienste bei der Vertreibung der Burggrafen mit der Weesensteiner Herrschaft. 366 Jahre lang war dieses Adelsgeschlecht hier ansässig. In dieser Zeit entwickelte sich die Burganlage allmählich zum Schloss.

Den von Bünaus folgte die Familie von Uckermann. Schließlich erwarb 1830 König Anton von Sachsen das Anwesen. Wenige Jahre später erhielt sein Neffe, Johann von Sachsen, Weesenstein. Unter ihm entwickelte sich das Schloss zu einem einzigartigen architektonischen Ensemble, zur „heimlichen Residenz" Sachsens. Bei einer Führung durch die herrschaftlichen Wohnräume, ausgestattet mit originalem Mobiliar und schmückenden Accessoires, wird man das bestätigt finden.

Im Schloss werden außerdem wechselnde interessante Sonderausstellungen gezeigt. Auch die barocke Evangelisch-Lutherische Schlosskapelle sollten wir uns ansehen.

Ein streng symmetrisch angelegtes Wegesystem geleitet den Besucher durch den gepflegten Schlosspark. Das Flussbett der Müglitz wurde extra umgeleitet, sodass der Fluss den Park durchquert und damit in zwei Flügel teilt. Den mit Rondellen gestalteten Parkteil zieren Rabatten, auf denen unter Hochstammrosen bunte Blumen leuchten. Von dort kommt man über eine Sandsteinbrücke hinweg zu schattenspendenden Bäumen, die zu einem Belvedere führen.

KONTAKT:

Schloss Weesenstein
Am Schlossberg 1
01809 Müglitztal / OT Weesenstein
Tel.: 035027 6260
E-Mail: weesenstein@schloesser-land-sachsen.de

11

Im Müglitztal von Dohna nach Weesenstein

Dohna / Müglitztalstraße – Altenberger Straße – Dresdner Straße – Markt – Pfarrstraße –
Altenberger Straße – Köttewitz – Planetenweg – Weesenstein / Schulstraße

Dohna	
6 km	
38 m	

ERREICHBARKEIT
Mit der S-Bahn bis Heidenau und von dort mit der Städtebahn bis Dohna.

EINKEHRMÖGLICHKEITEN
Ratskeller Dohna | Am Markt 1 | 01809 Dohna | Tel.: 03529 574366
info@ratskeller-dohna.de

Café Kaiserstübl | Altenberger Straße 12 | 01809 Müglitztal | Tel.: 035027 62777
cafe-kaiserstuebl@acor.de

Schlossbrauerei Weesenstein | Am Schloßberg 1 | 01809 Weesenstein
Tel.: 035027 42004 | braumeister@weesenstein.de

Unsere heutige Wanderung im Müglitztal beginnt in Dohna. Vermutlich gab es oben auf der Höhe auf einem Felsvorsprung bereits um 950 eine Burg, in deren Schutze sich später der Ort Dohna entwickelte. Die Burggrafen von Dohna hatten den markgräflichen Auftrag, die Handelsstraße, die hier zwischen Sachsen und Böhmen verlief, zu überwachen. Um das Jahr 1500 begann die Burg jedoch zu verfallen. Das kleine Dohna war lange Zeit ein Ackerbürgerstädtchen. Wir verlassen den **Bahnhof** und queren die **Hauptstraße** (**Müglitztalstraße**) nach rechts. Unser erstes Ziel ist der etwa einen Kilometer entfernte Markt. Dazu laufen wir zunächst ein paar Meter auf der Müglitztalstraße entlang, bis uns ein Richtungsschild den Weg dorthin weist. An dieser Stelle biegen wir in die **Dresdner Straße** ein. Nach kurzer Zeit queren wir die Müglitz. Man kommt zu einer Kurve. Dort führen Stufen zum großen Komplex der Marie-Curie-Schule (Grund- und Oberschule) hinauf. Auch über diese Route ist der Markt zu erreichen. Wir sollten jedoch weiterhin die Dresdner Straße aufwärts wandern. An deren Ende biegen wir rechts zum **Markt** ein. Wir erreichen damit den historischen Teil der

Im Müglitztal von Dohna
nach Weesenstein

altehrwürdigen Stadt. Beim Ratskeller laufen wir unter einer Arkade hindurch. Von dort sieht man auf der anderen Straßenseite am Haus Markt 1 eine etwas verblichene Inschrift. Sie erinnert daran, dass dort im Jahr 1813 bei einem Kampf zwischen russischen und französischen Truppen Napoleon I. logierte.

Und sogleich stehen wir auf dem schmucken Marktplatz. Unser Blick fällt dabei sicher zuerst auf die Postdistanzsäule (vgl. Wanderung 12), den Brunnen und die Kirche.

Wir sollten jedoch zu unserer Rechten das Gebäude mit dem großen Torbogen nicht unbeachtet lassen. Das Haus Markt 17 wurde erstmals 1357 erwähnt. Darin befand sich ein

Hospital für erschöpfte Pilger und ab 1680 für 250 Jahre ein Altersheim für Männer.

Neben der **Postdistanzsäule** erinnert ein Schild an die Zeit der Postkutschen. Die Route der Alten Teplitzer Poststraße begann in Dresden am Pirnaischen Tor (heute: Pirnaischer Platz) und führte vom Elbtal über das Osterzgebirge nach Böhmen. Auch das Städtchen Dohna lag an ihrer Strecke.

Wir spazieren zum **Fleischerbrunnen** (1912). Die Fleischer bildeten in der Stadt eine zahlenmäßig große Zunft. Bereits 1462 verlieh der Kurfürst den Dohnaer Fleischern das Recht, zu schlachten.

Der Brunnen stammt aus der Werkstatt des Dresdner Bildhauers Alexander Höfer. Mo-

Marktplatz Dohna

Höhenprofil Wanderung „Im Müglitztal von Dohna nach Weesenstein"

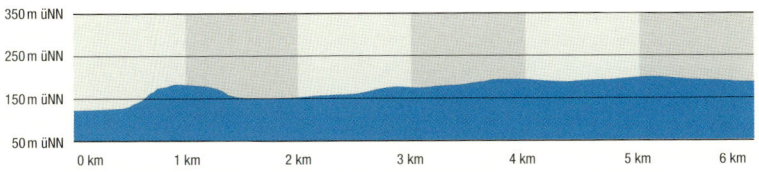

dell für die Figur des Fleischers stand ein Dohnaer Fleischergeselle.

Auf der linken Seite des Marktplatzes ist uns das **Rathaus** sicherlich nicht entgangen. Aus der Inschrift über der Pforte erfahren wir, dass ein Sohn Martin Luthers zu den Mitbesitzern des Gebäudes gehörte. Dr. Paul Luther, das fünfte Kind der Eheleute, war Leibarzt an verschiedenen fürstlichen Höfen (Weimar, Brandenburg, Sachsen).

Der Eingang zur Evangelisch-Lutherischen **Kirche St. Marien** befindet sich links vom Markt. Es ist jedoch empfehlenswert, zunächst das Gotteshaus nach rechts zu umrunden, denn auf dem Kirchhof stehen mehrere alte klassizistische Grabsteine.

Die dreischiffige spätgotische Hallenkirche wurde im Jahre 1489 geweiht. Ein Vorgängerbau im romanischen Stil

existierte schon in der ersten Hälfte des 13. Jahrhunderts. Der spätgotische Flügelaltar stammt von 1518, die üppig verzierte Kanzel aus der Zeit um 1700. Die Kirche verfügt über eine Orgel (1896) der Firma Eula aus Bautzen. (Kontakt für Besichtigungen: Tel.: 03529 516670 oder kg.dohna@evlks.de.)

Unsere Wanderung führt links der Kirche die **Pfarrstraße** hinunter. Von dieser biegen wir nach links (abwärts) ein. Am Eckgrundstück befindet sich ein Richtungszeichen mit dem blauen Punkt. Unten kommt man zu einer Weggabelung. Auch dort halten wir uns links. Es erscheint der Wegweiser „Schloss Weesenstein". Bald queren wir die **Müglitz** zur Altenberger Straße hin. Unsere Route führt jetzt nach **Köttewitz** und dort auf den Planetenweg. Dazu gibt es zwei Möglichkeiten:

Im Müglitztal bei Weesenstein

Auf der gegenüberliegenden Straßenseite ist wieder ein Wanderwegweiser angebracht. Dieser zeigt auch die Strecke nach Weesenstein über Köttewitz, und zwar fernab des Straßenverkehrs über die Ploschwitzer Höhe (ca. 2,5 km). Der kürzere Weg nach Köttewitz führt nach links und ca. 1 km auf der Altenberger Straße entlang. Dabei sind an den Grundstücken immer wieder Markierungen zum Hochwasserstand im August 2002 zu sehen.

In beiden Fällen kommt man aber in Köttewitz zur **Brücke über die Müglitz.**

Der Ort Köttewitz, erstmals im Jahre 1288 erwähnt, war lange Zeit ein Vorwerk und entwickelte sich im 16. Jahrhundert zum Rittergut.

Die Grundherren wechselten häufig. Schließlich kam der Ort von 1608 bis 1764 an die von Bünaus. Im Jahre 1870 erwarb Johann von Sachsen das Rittergut für die königliche Familie. Nach dem Ersten Weltkrieg kam der Besitz in bürgerliche Hände.

Wir queren die Brücke und wandern jenseits des Flusses auf dem **Planetenweg** weiter. Der Wanderwegweiser zeigt für die Entfernung zum Schloss Weesenstein 1,5 km an. Das stimmt jedoch nicht. Es sind ca. 2,5 km.

Bis nach Weesenstein informieren zehn Schautafeln über unsere acht Planeten, unseren Stern und die Sonne. „Planet" bedeutet übersetzt so viel wie „Wanderer". Sie sind ständig in Bewegung und kreisen um die

Eingang zum Schloss Weesenstein

Sonne. Es wird uns also auch auf diesem Streckenabschnitt nicht langweilig werden.

Es ist ein landschaftlich schöner Streckenteil: Links Felsen und Wald, rechts der friedlich dahinplätschernde Fluss.

Die Müglitz ist ein ca. 48 km langer Nebenfluss der Elbe, entspringt in Tschechien und mündet in Mügeln (bei Heidenau) in die Elbe.

Bei anhaltenden starken Regenfällen kann der Fluss jedoch auch zu einem reißenden Strom werden. Zwischen 1609 und 2002 hat es bereits 18 schwere Hochwasserkatastrophen gegeben.

Am Ende des Planetenweges laufen wir wieder über eine Brücke hinweg. Auf der anderen Seite befindet sich rechts ein kleines **Museum zur Flutkatas-** trophe im August 2002.

Beim Café Kaiserstübl biegen wir in die **Schulstraße** ein. Der Weg zum Schloss ist dann nicht mehr zu verfehlen.

Vom einzigartigen Ensemble des Schlosses und seinem gepflegten Park (vgl. Wanderung 10) werden wir begeistert sein. Wer sich nicht für eine Führung oder Besichtigung des Schlosses entscheidet, sollte jedoch auf alle Fälle einen Blick in die Innenhöfe und vielleicht auch in die urige Schlossbrauerei werfen.

Vom Schloss wandern wir zum Bahnhof (etwa 800 m), den wir bereits gesehen haben. Mit der Müglitztalbahn (vgl. Klaus Jahn / Wandern entlang der Schmalspurbahnen) fahren wir wieder zurück nach Heidenau, wo die S-Bahn erreicht wird.

Im Tal der Gottleuba

Bad Gottleuba / Gesundheitspark – Markt – Waldweg – Talsperre - Hartmannsbach – Waldweg – Mühlsteig – Am Tannenbusch – Bad Gottleuba

⌐	**Bad Gottleuba**	**ERREICHBARKEIT** Mit dem Bus 219 ab Pirna (Busplatz 9) bis Bad Gottleuba/Gesundheitspark (30 Minuten) oder mit dem Pkw bis zum Parkplatz Bad Gottleuba/Ernst-Hackebeil-Straße)
⟳	**10 km**	**EINKEHRMÖGLICHKEITEN**
▲	**172 m**	**Café Schönbach** | Markt 15 | 01816 Bad Gottleuba | Tel.: 035023 62335 info@cafe-schoenbach.de
		Gasthof Hillig | Markt 13 | 01816 Bad Gottleuba | Tel.: 035023 62257 info@gasthof-hillig.de

Wir sind im Talkessel der Gottleuba angekommen.

Von der Bushaltestelle laufen wir einige Schritte in Fahrtrichtung und haben sogleich den **Gesundheitspark** erreicht. Autofahrer sind bereits hier vorbeigekommen.

Den Park sollten wir uns unbedingt näher ansehen.

In der Bergsiedlung „Gotlavia" wurde 1388 bis 1889 Silber abgebaut. Stadtrecht erhielt Gottleuba im Jahre 1463. Kurbad ist die Stadt seit 1937 und seit 1978 zudem staatlich anerkannter Kurort.

Bedeutend für die Stadt war die Entdeckung einer Heilquelle (1828). Dadurch entwickelte sich in der zweiten Hälfte des 19. Jahrhunderts der Kur- und Badebetrieb. Dazu ließ die Landesversicherungsanstalt Sachsen zwischen 1909 und 1913 am Hang des Helleberges in einer 28 Hektar großen Parkanlage ein Kliniksanatorium errichten. Der heutige Gesundheitspark umfasst fünf Fachkliniken und eine Familienklinik. Zum Areal gehören 35 Jugendstilgebäude, die teilweise durch moderne Baustruktur bedarfsgerecht ergänzt wurden.

Auf diesem traditionsreichen Gelände befindet sich auch eine umfangreiche, höchst interessante Sammlung von medizinischen Instrumenten, Geräten und Möbeln. Sie kann besichtigt werden. (Kontakt: bgl. museum@median-kliniken.de.) Vom Gesundheitspark geht es

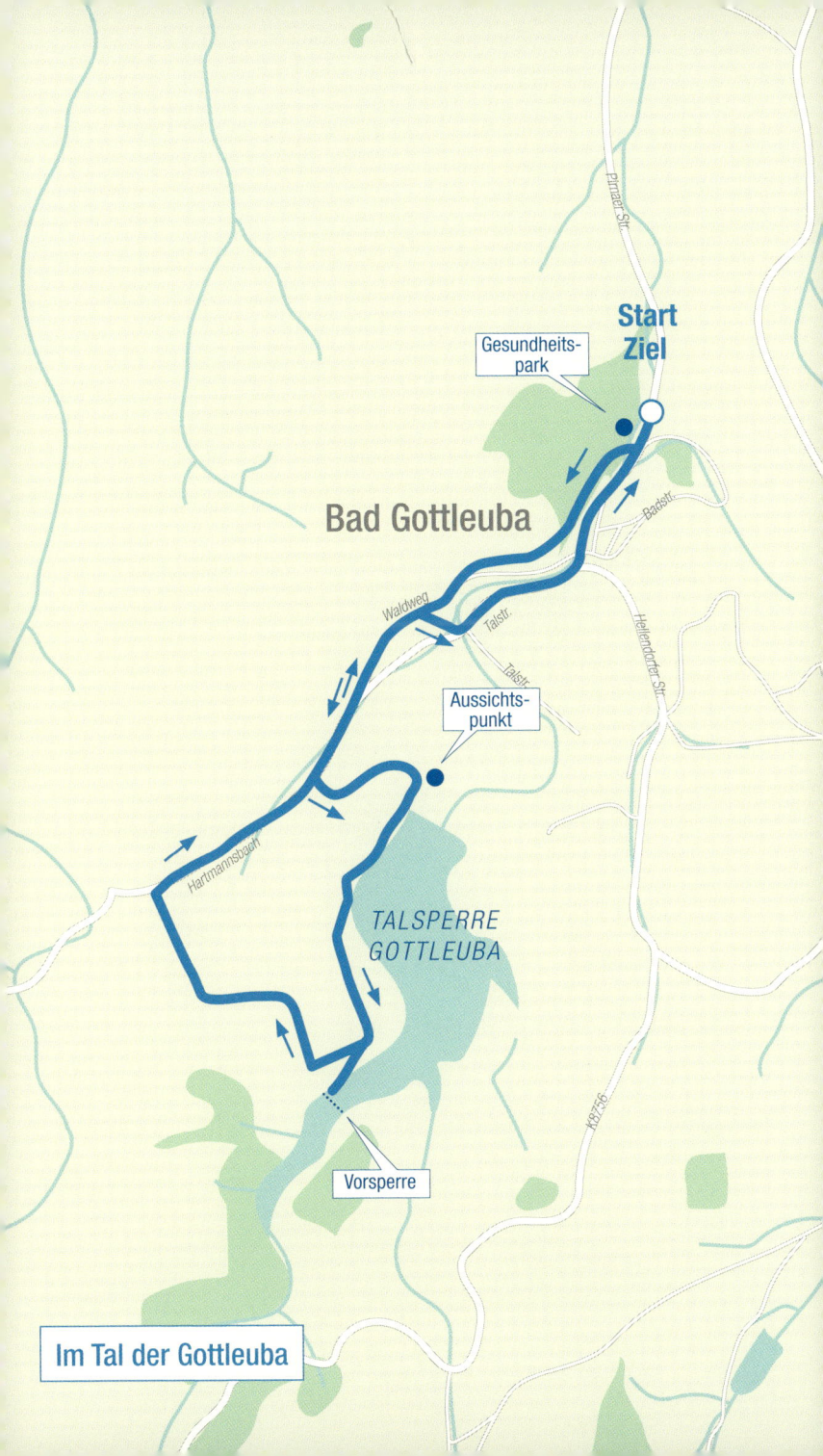

Start Ziel

Gesundheits-park

Bad Gottleuba

Pirnaer Str.

Badstr.

Waldweg

Talstr.

Talstr.

Hellendorfer Str.

Aussichts-punkt

Hartmannsbach

TALSPERRE GOTTLEUBA

K9746

Vorsperre

Im Tal der Gottleuba

jetzt in der bisherigen Fahrtrichtung weiter. Dabei sollten
wir das Denkmal für Richard
Weger, den Ehrenbürger von
Bad Gottleuba, nicht übersehen. Von der bald folgenden
Straßengabelung laufen wir
in die zum Markt führende
Fußgängerzone hinein. Dort befindet sich auch die Touristinformation. Die kleine hübsche
Innenstadt wird uns bestimmt
sofort begeistern. Den kleinen
feinen **Marktplatz** ziert eine
der in Sachsen üblichen **Postdi-
stanzsäulen** (1731). Sie ist ein
hübsches Denkmal der Postge-
schichte und des Verkehrswe-
sens.
Adam Friedrich Zürner, ein ver-
messungstechnisch interessier-
ter Pfarrer, erhielt von August
dem Starken den Auftrag, die
Straßen und Wege im säch-
sischen Land exakter auszu-
messen, als man es bisher getan
hatte. Bei der Berechnung der
Entfernungsangaben in Stunden
ging er davon aus, dass ein nor-
maler Wandersmann in einer
Wegstunde eine halbe sächsische Postmeile (heute 4,532
Kilometer) zurücklegen kann.
Wenn wir also jetzt auf der
Postdistanzsäule die Stundenan-
gaben lesen, dann müssen wir
beachten, dass es sich dabei um
ein Entfernungsmaß und nicht
um eine Zeiteinheit handelt.
Linker Hand steht der Brunnen
„Jüngling mit Weintraube".
Zur Evangelisch-Lutherischen
Kirche St. Petri kommt man
oberhalb vom Markt. Sie ist
aus der im 12. Jahrhundert errichteten Wehrkirche hervorgegangen. Besonders sehenswert
sind dort die vermutlich aus
der Schule von Lucas Cranach
stammenden Deckenfresken.
Die Orgel baute 1908 die
Dresdner Firma Jehmlich ein.
Ihr barocker Prospekt stammt
jedoch bereits aus dem Jahre
1750. Vom Markt werden wir
jetzt zur Talsperre wandern und

Höhenprofil Wanderung „Im Tal der Gottleuba"

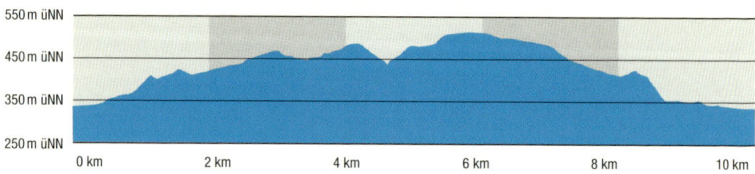

von dort oben in das Gottleu-
batal blicken. Dazu biegt man
beim Café Schönbach in die
kurze Gasse ein. An deren Ende
geht es nach links weiter. Der
Wegweiser ist bestimmt nicht
zu übersehen.

Über die Gottleuba hinweg
erreichen wir den ständig an-
steigenden schattigen **Waldweg**.
Diesen laufen wir bis zum Ende
(ca. 700 m) entlang. Rechts
erscheinen am Hang urige
Felsen, zwischen denen immer
wieder Farne sprießen. An
dessen Ende steht der Wegweiser „Talsperre/Aussichtspunkt
und Vorsperre". Nur etwa 300
Meter muss nun die **Fahrstraße**
benutzt werden. Gegenüber der

„Bergbaude" führt der Weg
zum **Talsperren-Aussichtspunkt**
und dann weiter zur Vorsperre.
Kurz vor dem Aussichtspunkt
gelangt man zu einer Schutzhütte.

Vom Aussichtspunkt wandern
wir zur **Talsperren-Vorsperre**.
Unterwegs weist eine Tafel
darauf hin, dass wir uns in
einem Trinkwasserschutzgebiet
befinden.

Vom breiten Wanderweg zweigt
dann links ein schmaler Weg
ab. Diesen nicht benutzen!
Später führt ein Betonplat-
tenweg (links) ca. 320 Meter
hinunter zur Vorsperrenmauer.
Danach setzen wir unsere Tour
in der bisherigen Richtung fort.

Am Gesundheitspark

Dabei erscheint bald der Wegweiser „Hartmannsbach
1,2 km". An dieser Stelle
wurde für ermattete Wanderer
eine Bank aufgestellt. Die Tour
kann für die gesamte Strecke
als „mittelschwer" eingestuft
werden. Festes Schuhwerk ist
unbedingt zu empfehlen.
Nach kurzer Zeit steht rechts
schon wieder ein Wegweiser. Er
ist ein klein wenig irreführend.
Wir sollten ihn daher nicht
beachten.
Wir laufen von hier in einem
weiten Bogen die Hochfläche
der Feldflur aus, bevor der
Ortsteil Hartmannsbach der
Stadt Bad Gottleuba erreicht
wird.
Von der immer wieder mit
Buschwerk geschmückten
offenen Feldflur haben wir
einen unendlichen Blick in die
Erzgebirgslandschaft sowie in
die Sächsische Schweiz. Ein
eindrucksvolles Bild.
Am Eingang des Hartmanns-
bacher Oberdorfes verkündet
ein Wegweiser „Bad Gottleuba/
Markt 1,2 km". Das stimmt
jedoch nicht. Die Entfernung
beträgt ca. 2,5 km.
Das ländliche Ortsbild ist
beeindruckend. Beiderseits der
Straße stehen auf der Anhöhe
große Bauerngrundstücke. Und

viel Grün, dazwischen Blumen
in vielen Farben, schmückt den
Hang.
Wir kommen wieder zur „**Bergbaude**", danach auch zu dem
uns schon bekannten **Waldweg**
und damit sicher zu unserem
Ausgangspunkt zurück.
Wer noch zur **Max-Bähr-Mühle**
(Am Tannenbusch 5 /
Tel.: 035023 69789 /
www.baehr-mühle.de) möch-
te, biegt vom Waldweg nach
rechts auf den **Mühlsteig** ein.
Unten laufen wir noch ca. 500
Meter nach rechts parallel zum
Fluss, über die Brücke hinweg
und nach links zur Straße **Am
Tannenbusch**.
Die Mühle, erstmals 1388
erwähnt, ist heute ein einzigar-
tiges Museum. Das Anwesen
besteht aus einem Mahl- und
Sägewerk, einem Wohnhaus
sowie einem Lagergebäude.
Und auch ein Brunnen bei den
Resten einer alten Linde gehört
dazu. Sie ist die einzige noch
funktionstüchtige Anlage im
einst mühlenreichen Gottleu-
batal.
Nach unserem erlebnisreichen
Besuch in der Mühle müssen
wir natürlich nicht wieder zum
Waldweg hinaufsteigen. Auch
die **Straße Am Tannenbusch**
führt zum Stadtzentrum.

TALSPERRE GOTTLEUBA

Das Territorium um die Flüsse Gottleuba, Müglitz und Weißeritz ist seit jeher immer wieder vom Hochwasser bedroht. Im Gebiet der Gottleuba können sie bis zum Jahre 1480 zurückverfolgt werden. Große Sachschäden entstanden, Todesopfer mussten beklagt werden.

Überlegungen für den Bau einer Talsperre gab es nach dem Hochwasser von 1890. Die Pläne wurden aber nicht umgesetzt. Erst ein reichliches halbes Jahrhundert später, nachdem die Gottleuba zwei Jahre hintereinander weit über ihr Ufer getreten war, kam es zum Bau mehrerer Rückhaltebecken. Schließlich wurde die Talsperre von 1965 bis 1974 errichtet. Nunmehr hält die 372 Meter lange und 53 Meter hohe Staumauer bis zu 14 Millionen Kubikmeter Wasser zurück. Die Wasseroberfläche beträgt 58 bis 66 Hektar. 150.000 Menschen können mit Trinkwasser versorgt werden.

Die Vorsperre (Stauraum 0,502 Millionen Kubikmeter) wurde in den Jahren 1966 bis 1973 gebaut. Ein Vorbecken befindet sich in Oelsen. Die Einzugsgewässer der Talsperre sind die Gottleuba und der Oelsenbach.

Als Trinkwassertalsperre darf sie für touristische Zwecke nicht genutzt werden. Auf unserer Wanderung kommen wir zu zwei Aussichtspunkten.

13

Im Tal der Roten Weißeritz

Malter – Seifersdorf – Spechtritz – Rabenauer Mühle – Freital-Hainsberg

Malter	**ERREICHBARKEIT**
	Mit der S-Bahn bis Freital-Hainsberg, von dort mit der Weißeritztalbahn (Sondertarif) bis Malter.
11 km	**EINKEHRMÖGLICHKEITEN**
	Hotel und Restaurant „Rabenauer Mühle" | Bahnhofstraße 23 | 01734 Rabenau
	Tel.: 0351 4602061 | www.rabenauer-muehle.de
148 m	Ausflugslokal „Zum Wanderer" | Anschrift wie „Rabenauer Mühle"
	Verschiedene Möglichkeiten im Einkaufszentrum „Weißeritzpark"

Eine Wanderung durch den Rabenauer Grund ist zu jeder Jahreszeit ein schönes Naturerlebnis. Die gesamte Strecke ist zudem ein geschichtsträchtiger Weg.

Ein namentlich nicht bekannter Chronist soll über diesen Grund geschrieben haben: „Die Natur erscheint hier zum Teil in einer bei Dresden ungewöhnlichen Größe und Wildheit. Das Schauerlich-Schöne der Gegend ist noch viel zu wenig bekannt, um als Nebenbuhlerin der Partien von Tharandt aufzutreten."

Nach einer interessanten Fahrt mit der Schmalspurbahn steigen wir in **Malter** in unmittelbarer Nähe der Talsperre aus. Auf dem Weg links der Bahn laufen wir ein paar Meter zurück und über die Staumauer hinweg. Danach biegen wir nach rechts auf die **nach Seifersdorf führende Straße** ein. Schon nach wenigen Metern verlassen wir diese und wandern entlang eines **Wiesenweges** zum Wäldchen hin. Bergab geht es zum parallel zur Roten Weißeritz verlaufenden Weg.

Den Namen „Rote Weißeritz" erhielt der Gebirgsfluss, weil sein Wasser von der Erzwäsche in Schellerhau oft rot gefärbt war.

Wir erreichen **Seifersdorf**. Das Ortszentrum liegt oberhalb unseres Wanderweges. Ursprünglich war auch diese Gegend von einem dichten Wald bewachsen. Deutsche Siedler aus Thüringen und Franken ließen sich hier im 13. Jahrhundert nieder. Sie

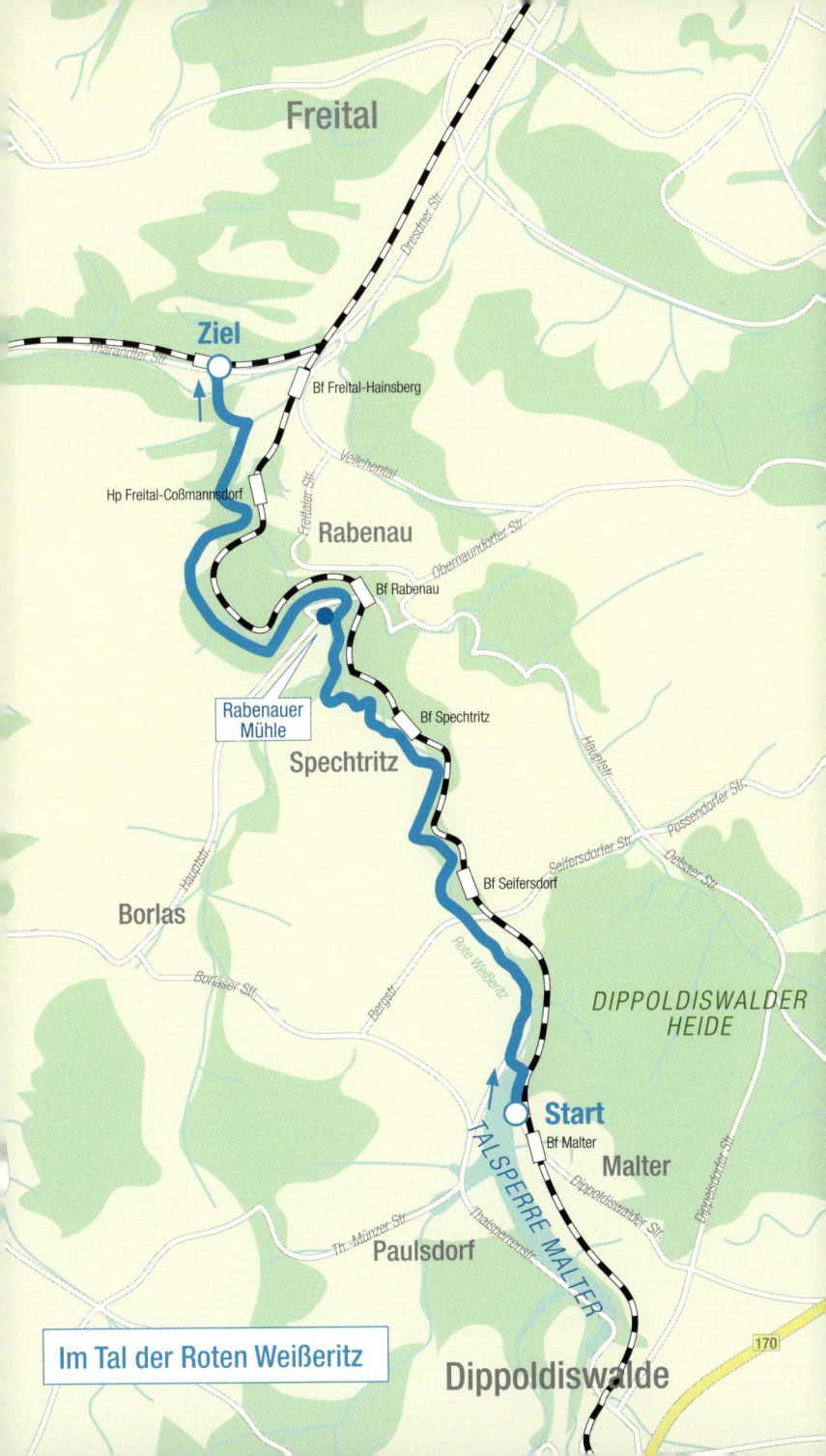

Freital

Ziel

Bf Freital-Hainsberg

Uhlandter Str.

Hp Freital-Coßmannsdorf

Vellenthal

Freitaler Str.

Rabenau

Obernaundorfer Str.

Bf Rabenau

Rabenauer Mühle

Bf Spechtritz

Spechtritz

Hauptstr.

Possendorfer Str.

Bf Seifersdorf

Seifersdorfer Str.

Oelsaer Str.

Borlas

Hauptstr.

DIPPOLDISWALDER HEIDE

Borlaser Str.

Bergstr.

Rote Weißeritz

Start

Bf Malter

Malter

TALSPERRE MALTER

Dippoldiswalder Str.

Dippoldiswalder Str.

Th.-Münzer-Str.

Talsperrenstr.

Paulsdorf

170

Im Tal der Roten Weißeritz

Dippoldiswalde

Höhenprofil Wanderung „Im Tal der Roten Weißeritz"

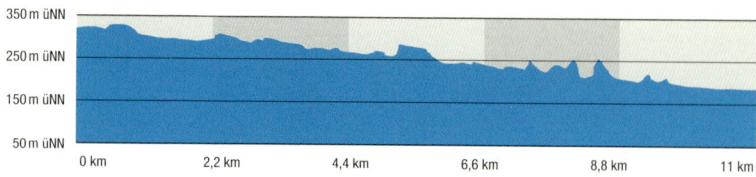

rodeten den Wald. So entstand das Waldhufendorf Seifersdorf. Natürlich gab es in Seifersdorf auch eine Mühle (1501 erstmals erwähnt). Die Mahl-, Öl- und Brettmühle hatte vier Mahlgänge. Am Anfang des 20. Jahrhunderts entstand neben der Mühle eine Fabrik zur Herstellung von Kisten und Möbeln.

Hinter Seifersdorf wandern wir bald unter einer eindrucksvollen steinernen Brücke hindurch. Vielleicht schnauft in diesem Augenblick die Schmalspurbahn darüber hinweg. Die 26,3 km lange Strecke der Bahn führt von Freital-Hainsberg bis zum Kurort Kipsdorf. Dabei fährt sie über 34 Brücken, darunter die lange Stabbogenbrücke bei Rabenau und der 191,2 m lange Viadukt bei Schmiedeberg. Die Gesamtstrecke wurde im September 1883 in Betrieb genommen. Nach dem Jahrhunderthochwasser 2002 fährt die Bahn seit 2017

nun wieder bis Kipsdorf.

Bei unserer weiteren Wanderung nach **Spechtritz** werden wir auf einen jenseits der Roten Weißeritz stehenden Felsen aufmerksam gemacht. Er wird **Trompeterfelsen** genannt. Über ihn wird in einer Sage berichtet, ein sächsischer Trompeter sei auf der Flucht vor feindlichen Truppen mit seinem Pferd in den Fluss gesprungen. Auf der gegenüberliegenden Seite hätte er dann seine Trompete geblasen.

Reichlich zwei Kilometer nach Seifersdorf befindet sich links unseres Wanderweges **Spechtritz**. Bestimmt werden wir uns über das Bahnhofsgebäude wundern, das eigentlich überhaupt nicht zum Stil eines Schmalspurbahnhofes passt. Die Station wurde jedoch vom Hochwasser im Jahre 2002 überflutet und zerstört. Danach errichtete man das heutige Gebäude.

1562 wurde erstmals die „Spechtritzmühle", eine Getreide- und Brettschneidemühle, erwähnt. Zur Mühle gehörten eine beachtliche Landwirtschaft sowie eine Fischwirtschaft. Die Müller besaßen ab 1831 auch das Schankrecht. Sie durften für ihre Gäste schlachten und backen. Um 1880 wurde der Mühlenbetrieb eingestellt. Danach entwickelte sich die Spechtritzmühle zu einem beliebten Ausflugslokal. Erst 1990 endete der Gaststättenbetrieb. 2009 mussten schließlich die letzten baufälligen Gebäude abgerissen werden.

Zum schmucken Dörfchen führt hinter der Bahnstation ein schmaler Fußweg hinauf. Auch diese Siedlung gehörte einst zum Besitz der Burggrafen von Dohna, einer weitverzweigten Adelsfamilie, welche im 12. Jahrhundert mit der Burg Dohna belehnt wurde.

Nach weiteren 1,5 Kilometern haben wir das Hotel und Restaurant „Rabenauer Mühle" erreicht. Hier sollten wir einen Moment verweilen, denn einem der Besitzer dieses alten Anwesens ist es zu verdanken, dass wir jetzt im romantischen Rabenauer Grund wandern können.

Für das Jahr 1235 wird hier urkundlich erstmals eine Mühle erwähnt. Ab 1830 gehörte sie dem Müller Christian Friedrich Ehrlich. Er besaß zugleich das Schankrecht und hatte erkannt, dass der allerdings bis dahin schwer begehbare und daher kaum bekannte Grund

Winter im Rabenauer Grund

Talsperre Malter - ein beliebtes Naherholungsgebiet

für seine Gäste ein besonderer Anziehungspunkt wäre. Er ließ deshalb im Jahre 1834 mithilfe Freiberger Bergleute den Grund erschließen und einen Wanderweg entlang der Roten Weißeritz anlegen.

So können wir heute durch ein wahres Naturparadies streifen, begleitet vom Gesang der Vögel.

Beiderseits des Wassers erfreut uns ein artenreicher Mischwald (u. a. Fichte, Kiefer, Lärche, Eichen, Buchen, Ulmen), in dem manche Säugetiere (u. a. Reh, Dachs, Marder, Hase, Eichhörnchen) ihr Zuhause haben. Zahlreiche Kräuter wachsen an schattigen Stellen (u. a. Lungenkraut, Bärlauch, Waldmeister, Leberblümchen)

und am Wasser (u. a. Wasserhahnenfuß, Bachnelkenwurz, Blutweiderich).

Versuchen wir doch einmal, Bäume und Pflanzen zu bestimmen, dann wird unsere Wanderung bestimmt noch interessanter.

Aufgepasst: Unsere Route führt jetzt unmittelbar rechts an der „Rabenauer Mühle" vorbei. Bald muss sich die Rote Weißeritz nun durch ein enges Felsental schlängeln.

Später erreichen wir ein geschlossenes Felsentor. Dort hindurch führte von 1834 bis 1897 der Wanderweg. Der Maler und Zeichner der Romantik, Ludwig Richter (1803-1884), benutzte dieses Motiv für sein Gemälde „Genoveva in der

Waldeinsamkeit". Im Internet kann man das Gemälde betrachten. Tatsächlich ein romantisches Bild.

Zu diesem Hintergrund entstand die folgende Sage: Pfalzgraf Siegfried war in den Krieg gezogen. Genoveva wurde währenddessen von Siegfrieds Statthalter Gero umworben, allerdings vergebens. Aus Zorn beschuldigte er Genoveva des Ehebruchs mit einem Koch. Sie wurde deshalb zum Tode verurteilt. Der Henker schenkte ihr jedoch das Leben. Daraufhin lebte sie mit ihrem neugeborenen Sohn in einer Höhle, bis Siegfried aus dem Kriege zurückkehrte.

Bald ist nun unsere abwechslungsreiche Wanderung zu Ende.

Vorbei an Gärten und einer Schwimmhalle erreichen wir den „Weißeritzpark". Nach dem **Einkaufszentrum** (am Ende der Straße **An der Kleinbahn**) biegen wir links in die **Hainsberger Straße** ein, an deren Ende wir in gleicher Richtung auf der **Somsdorfer Straße** weiter und erreichen so rechts den **S-Bahnhof Freital-Hainsberg West**.

TALSPERRE MALTER

Die Talsperre Malter wurde zwischen 1908 und 1913 gebaut. Schon seit 1864 gab es aus unterschiedlichen Gründen Überlegungen für den Bau eines Staubeckens im Weißeritztal. In regenarmen Zeiten klagten vor allem die Mühlenbesitzer über das niedrige Wasser der Roten Weißeritz. Jedoch erst das verheerende Hochwasser im Juli 1897 führte zu konkreten Plänen zum Bau einer Talsperre. Damals zerstörten die Fluten 320 Häuser, und 19 Menschen büßten das Leben ein. Die Talsperre staut das Wasser der Roten Weißeritz. Diese entspringt im Osterzgebirge bei Zinnwald-Georgenfeld und vereinigt sich nach 36,5 km in Freital-Hainsberg mit der Wilden Weißeritz. Die „Vereinigte" Weißeritz mündet dann in die Elbe. Der Stausee hat eine Speicherkapazität von 8,78 Mio. Kubikmetern. Seine Wasseroberfläche umfasst 84 Hektar. Selbst eine solche Speicherkapazität konnte aber nicht verhindern, dass durch die extremen und langanhaltenden Niederschläge im August 2002 wieder erhebliche Schäden angerichtet wurden.

Unterhalb der Staumauer befindet sich ein Kraftwerk, das eine Leistung von 700 Kilowatt erzeugen kann.

In der Talsperre wird kein Trinkwasser gewonnen. Deshalb ist sie zu einem beliebten Naherholungsgebiet für Campingfreunde, Wassersportler, Angler und Badelustige geworden.

14

Im Tal der Wilden Weißeritz

Bahnhofstraße – Straße des Friedens – Schulberg – Höhenweg – Talsperre – Vorsperre – Staumauer – Neuklingenberg – Bahnhof

⚐ Klingen-berg	**ERREICHBARKEIT** Mit der Bahn bis Klingenberg-Colmnitz, mit dem Pkw bis zum Parkplatz an der Talsperrenstraße.
⟳ 18 km	**EINKEHRMÖGLICHKEITEN** Waldschänke an der Talsperre ǀ Dorfstraße 50 ǀ 01774 Klingenberg Tel.: 035202 50215 ǀ kontakt@waldschaenke-talsperre-klingenberg.de
▲ 90 m	Hotel und Gaststätte „Lindenhof" ǀ An der Talsperre 2 ǀ 01774 Klingenberg Tel.: 035202 50283 ǀ lindenhof-klingenberg@web.de

Mit der Bahn haben wir über Freital und die Forststadt Tharandt den Ausgangspunkt unserer Tagestour erreicht. Den Bahnhof verlassen wir nach rechts und laufen die **Bahnhofstraße** hinauf. Oben bei der Gaststätte „Sachsenhof" biegen wir am Rondell nach links und schon nach ein paar Metern nach rechts auf die **Straße des Friedens** ein. Leider fehlt dort ein Straßenschild. An der Ecke, unserem Rücken zugewandt, befindet sich am Baum das Schild „Ortsmitte/Kirche 2 km"). Wir sind damit auf der richtigen Route. Auf der Landstraße wandern wir geradewegs hinunter in das Ortszentrum. Von unserem Höhenweg haben wir einen weiten Blick in das Erzgebirgsvorland.

In Klingenberg stehen beiderseits der Straße schöne alte bäuerliche Fachwerkbauten. Auch dieser Ort hat sich aus einem Waldhufendorf (vgl. Wanderung 21) entwickelt. Seine erste urkundliche Erwähnung als „Clingendorf" stammt aus dem Jahre 1351. Vermutlich ist sein Name aus dem altdeutschen Wort „chlinga" (der klingende, rauschende Gebirgsbach) abgeleitet.

Auf der linken Straßenseite sieht man am Haus Nr. 86 ein prachtvoll gestaltetes Wappen. Früher befand sich hier der Gasthof. An dieser Stelle wandern wir rechts den **Schulberg** hinauf. Dabei ist die Kirche nicht zu übersehen.

Das Gotteshaus wurde von 1740 bis 1742 erbaut. Aller-

Im Tal der Wilden Weißeritz

dings gab es bestimmt schon bis zu den Hussitenkriegen (1419-1436) einen Vorgängerbau, denn in dieser Zeit wird auch ein Pfarrer erwähnt. Sehenswert sind in der Kirche u. a. die barocke Kanzel mit einer Sanduhr, der erneuerte Taufstein aus dem Jahre 1581 und sicherlich auch das Steinbildnis des Ritters Theler, Begründer des Dorfes.

Vom Schulberg zweigen wir erst oben bei der **Allee (Höhenweg)** wieder nach links ab. Es folgt ein schöner schattiger Weg mit Berg- und Spitzahorn. Am Ende der Allee geht es über die baukünstlerisch interessante

Streichholzbrücke hinweg. Zum Transport des Baumaterials für die Talsperre vom Bahnhof Klingenberg-Colmnitz wurde eine 3,7 km lange Werkbahnstrecke gebaut. Diese musste hier an dieser Stelle den 18 Meter tiefen „Langen Graben" überqueren. Dazu baute man 1911 eine filigrane Holzbrücke. Im Jahre 1924, als die Werkbahnstrecke zur Straßenführung genutzt werden sollte, wurde diese abgerissen und ein Neubau in Eisenbeton errichtet.

Wir wandern nun etwa 800 Meter auf einem Waldweg direkt zur Talsperre. Unterwegs

Staumauer mit Kaskaden

Höhenprofil Wanderung „Im Tal der Wilden Weißeritz"

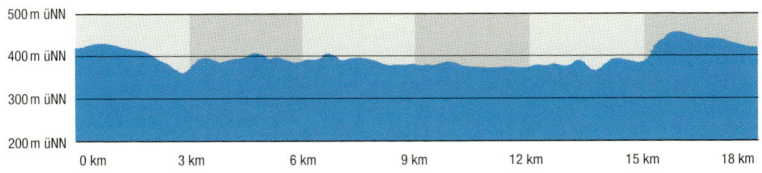

werden wir auf einer Tafel darauf hingewiesen, wie wir uns in einem Trinkwasserschutzgebiet verhalten sollen.

Unsere Route verläuft dann auf der rechten Seite der Talsperre zur etwa fünf Kilometer entfernten Vorsperre hin. Sicherlich zieht uns sofort die gewaltige Staumauer an. Zunächst sollten wir sie jedoch nur aus der Ferne betrachten. Nachdem wir den Stausee umrundet haben, führt der Weg ohnehin über sie hinweg. Wir wandern fortan auf einer Strecke mit mancher Steigung. Schon bald erreichen wir eine Bank, in deren Nähe ein Stein mit der Aufschrift **„Friedrichs Ruh"** steht. Dieser Ruheplatz wurde als Geburtstagsgeschenk für den Leiter der Talsperren-Wasserkraftwerke von seinen Kollegen angelegt. Er soll sich gern an dieser Stelle aufgehalten haben. Tatsächlich haben wir von hier einen „fo-

tografischen" Blick auf den See mit der Staumauer.

Wir erreichen danach einen Abzweig mit dem Schild „Talsperrenrundweg/Zaßprich". Daran orientieren wir uns. Der Weg führt einmal weiter und auch näher am Ufer entlang. Immer wieder kommt man zu einer Bank mit einem reizvollen Blick auf die Talsperrenlandschaft. Beim **Zaßprich** steht eine Wetterschutzhütte und an einem Baum ist ein Schild mit der Aufschrift „Holzmühlenbucht" angebracht. Hier stand früher eine Mühle (Holzschneide-, Getreide-, Knochen- und Öl-mühle).

Vermutlich ist die Bezeichnung „Zaßprich" vom Wort Zeßig oder Zeißighang abgeleitet. Unlängst fehlte an dieser Stelle der notwendige Wanderwegweiser.

Also aufgepasst: Unser nächstes Ziel ist die Vorsperre. Dazu nehmen wir nicht den Weg in Richtung Pretzschendorf, sondern queren links der Hütte den kleinen Graben, laufen ein paar Meter nach rechts und steigen den Hang hinauf. Oben bei der landwirtschaftlichen Flur biegen wir nach links ein. Dieser Weg führt uns wieder in die Nähe des Stausees. Dort biegt man nach rechts ein, steigt durch das Gebüsch zum Ufer hinunter und wandert nach rechts weiter.

Bald ist eine kleine touristische Einlage zu bewältigen: Zwei Gräben sind zu überwinden. Bei nasser Witterung ist das etwas schwierig.

Bis zur **Vorsperre** ist es nicht mehr weit. Auch dort sehen die Anlagen sehr neu aus. Ihre Funktion besteht darin, Treibmaterial abzufangen und so die Wasserqualität zu verbessern. Beim Hochwasser 2002 wurde die Vorsperre ebenfalls stark beschädigt. Bei der Sanierung der Talsperre wurde daher auch eine neue Vorsperre gebaut.

Jetzt wandern wir also auf der anderen Seite der Talsperre zur Staumauer zurück, und zwar auf einem ganz bequemen Weg. Die gekrümmte **Staumauer** mit ihrer Aussichtsplattform ist ein beeindruckendes Bauwerk. Am Fuße der Talsperre befinden

sich ein Wasserwerk sowie ein Wasserkraftwerk.

Der Rückweg zum Bahnhof verläuft wie folgt:

Zunächst laufen wir wieder bis zur **Streichholzbrücke** zurück. Dazu biegen wir von der Staumauer nach links und bald nach rechts ein. Von der Brücke wandern wir jetzt über die Ausflugsgaststätte „Zur Neuklingenberger Höhe". Auf dieser Strecke geht es schon nach kurzer Zeit steil bergauf. Oben führt der Weg zwischen den Gärten und der landwirtschaftlichen Flur direkt zur kleinen Siedlung **Neuklingenberg**. Dort biegen wir nach links ein. Diese Straße macht bald einen Rechtsbogen (grünes Rechteck). Bei der Schutzhütte läuft man über die Straße hinweg und auf der Asphaltstraße weiter. Am Ende dieser kaum befahrenen Straße biegen wir nach rechts ein und sehen schon nach kurzer Zeit das Schild zum **Bahnhof**.

HINWEIS

In größeren Zeitabständen fährt vom Bahnhof auch ein Bus (379) bis Klingenberg/Zum Weißeritztal. Von dort sind es nur ein paar Meter bis zum Schulberg.

Für Pkw-Reisende: Die Rundwanderung vom Parkplatz an der Talsperre beträgt gut elf Kilometer.

Blick von „Friedrichs Ruh"

TALSPERRE KLINGENBERG

In Sachsen gibt es zahlreiche Talsperren mit unterschiedlichen Funktionen. Die Talsperre Klingenberg versorgt gemeinsam mit den Talsperren Lehnmühle, Rauschenbach und Lichtenberg große Teile des Landkreises Sächsische Schweiz-Osterzgebirge, die Stadt Freital sowie 60 Prozent der Stadt Dresden mit Trinkwasser. Außerdem dient sie dem Hochwasserschutz, und mit ihrer Wasserkraft wird Energie erzeugt.

Das Einzugsgebiet der Talsperre ist die Wilde Weißeritz. Diese entspringt auf dem Erzgebirgskamm in der Nähe von Nové Mesto auf einer Höhe von 850 Metern. Sie vereinigt sich bei Freital-Hainsberg mit der Roten Weißeritz (vgl. Wanderung 13) zur Weißeritz, welche dann in die Elbe mündet.

Der Anlass für ihren Bau war das verheerende Hochwasser in Sachsen im Juli 1897. Gebaut wurde sie in den Jahren 1908 bis 1914 nach den Plänen des Architekten, Malers, Bühnenbildners und Hochschullehrers Hans Poelzig.

Auch die Schäden, die das Augusthochwasser 2002 verursachte, erforderten nach einem Betrieb von beinahe hundert Jahren dringend eine umfassende Sanierung der gesamten Anlage. Acht Jahre waren erforderlich. Dazu musste zeitweilig das Wasser der Talsperre vollständig abgelassen werden.

AUSGEWÄHLTE TECHNISCHE DATEN

Gesamtstauraum:	16,38 Mio. m³
Staufläche:	110 ha
Höhe über der Talsohle:	33,50 m
Höhenlage der Mauerkrone:	394,00 m ü. NN
Kronenlänge:	310 m

15

Durch den Zschonergrund

Zschonergrundstraße – Merbitzer Straße – Zschonergrund – Altnossener Straße –
Oscar-Maune-Straße

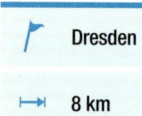

Dresden	**ERREICHBARKEIT**
	Von Dresden mit dem Bus 94 ab Bahnhof Mitte bis zur Haltestelle
8 km	Zschonergrundstraße oder mit der Eisenbahn bis zum Haltepunkt Dresden-Kemnitz.
	EINKEHRMÖGLICHKEITEN
184 m	Restaurant Zschonermühle I Zschonergrund 2 I 01156 Dresden
	Tel.: 0351 79676671 I restaurant@zschoner-muehle.de

Das frühere Dorf Kemnitz
erwarben 1324 die Meißner
Domherren Heinrich und
Albrecht von Guben. Seine
Bewohner lebten von der Landwirtschaft und vom Fischfang.
Für die Fischerei hatte man
Pfahlwerke mit Weidengeflecht
in die Elbe gesetzt.
Vom ehemaligen Dorfkern ist
leider nichts mehr zu sehen. Er
musste 1935 dem Autobahn-
bau weichen.
Wir queren die **Bundesstraße**
(B6) zur **Zschonergrundstraße**
hin und biegen von dieser links
auf die **Merbitzer Straße** ein.
Wir erreichen ein Hotel und
spazieren dort auf einem klei-
nen Weg hinein in den **Zschonergrund**.
Schon im Jahre 1324 wird für
Kemnitz eine Wassermühle

erwähnt. Vermutlich lag sie
direkt im Dorf. Spuren sind
von ihr heute nicht mehr vor-
handen. Erst später entstanden
am Zschonerbach die Welte-,
Zschoner- und Schulzenmühle.
Der Standort der **Weltemühle**
befand sich bei dem Hotel, an
dem wir soeben vorbeigelaufen
sind. Ihre Geschichte ist etwas
turbulent. Sie wurde im Jahre
1566 als Mahlmühle errichtet, und zwar ausdrücklich
mit der Genehmigung eines
kurfürstlichen Beamten. Auch
der an Wildbeständen reiche
Zschonergrund war zu jener
Zeit ein beliebtes Jagdrevier
des Dresdner Hofes. Die Mühle
musste deshalb wieder abgerissen werden. Zu Beginn des 17.
Jahrhunderts durfte dann aber
doch eine neue Mühle gebaut

Durch den Zschonergrund

Höhenprofil Wanderung „Durch den Zschonergrund"

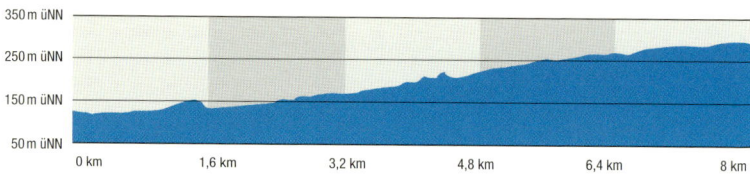

werden, deren Besitzer später die Familie des Bauern Welte war. Dieser wollte nun August der Starke das Mühlenrecht wieder entziehen. Er hatte damit aber keinen Erfolg. Am Ende des 19. Jahrhunderts wurde die Mühle zu einer Schankstätte, die sich zu einem gern besuchten Ausflugslokal mit einem großen Gästegarten und einem Ballsaal entwickelte. Wir sind nach kurzer Zeit mitten im „Landschaftsschutzgebiet Linkselbische Täler" (vgl. Wanderung 23) angekommen. Leise plätschert der Zschonerbach parallel zu unserem Wanderweg dahin. Er entspringt am Dresdner Stadtrand oberhalb von Zöllmen und fließt durch die Fluren von Ockerwitz sowie Kemnitz, bevor er bei Briesnitz in die Elbe mündet. Das Naturbad haben wir bestimmt nicht übersehen. Im Mai 1927 wurde das „Licht- und Luftbad Zschonergrund"

eröffnet. Bis zum „NaturKulturBad", das im Mai 2015 wiedereröffnet wurde, war ein weiter Weg zurückzulegen. Das künstlich angelegte Naturschwimmbad ist in einen Badebereich und einen bepflanzten Filterbereich unterteilt. Schon im zeitigen Frühjahr, wenn die Natur wieder zu erwachen beginnt, ist eine Wanderung durch den Zschonergrund recht wohltuend. Von den Wiesen leuchten uns zuhauf Buschwindröschen entgegen. Und auch das Scharbockskraut, der kleinwüchsige Frühblüher, hat dort seine dottergelben Blüten als Farbtupfer verstreut. Nachdem wir etwa zwei Kilometer durch das grüne Tal gewandert sind, stehen wir vor der **Zschonermühle**, einer funktionstüchtigen Wassermühle. Ihr Ursprung reicht vermutlich bis in das 15. Jahrhundert zurück. Sie brannte mehrmals ab. Fleißige Müller bauten sie jedoch immer wieder auf. Der letzte Müller hinterließ 1984 ein verfallenes Anwesen. Der neue Besitzer rekonstruierte und erneuerte die Mühle. Im Mühlenmuseum erlebt man deshalb heute, wie noch bis vor hundert Jahren Korn zu Mehl gemahlen wurde und wie der Alltag eines Müllers aussah. Interessant ist natürlich, wie die Kraft des Wassers das riesige oberschlächtige Wasserrad in Bewegung setzt und das Mahlwerk zu arbeiten beginnt.

KONTAKT:

Zschonermühle | Zschonergrund 2 01156 Dresden | Tel.: 0351 4210252 www.zschoner-muehle.de

Das Ziel unserer nächsten Etappe ist die **Schulzenmühle**. Bevor wir diese Richtung einschlagen, sollten wir folgenden Hinweis beachten:

Zwischen der Zschonermühle und dem Landhotel „Merbitzer Hof", also bergaufwärts, wird auf einem drei Kilometer langen Entdeckungspfad (Rundweg) auf Schautafeln Wissenswertes zu den Streuobstwiesen

Zschonermühle

vermittelt. Streuobst auf Wiesen und an Wegrändern gehört seit Jahrhunderten in Sachsen zur bäuerlichen Kulturlandschaft. Als Streuobstwiesen werden Obstkulturen mit verstreut stehenden Einzelbäumen, Baumreihen oder Baumgruppen bezeichnet. Sie werden extensiv bewirtschaftet. Kunstdünger und Biozide werden nicht eingesetzt. Auf diesen Flächen können sich dadurch im Verlaufe der Jahre wichtige Lebensgemeinschaften (Kleinbiotope) von Pflanzen und Tieren entwickeln, die es heute mehr denn je zu schützen gilt. Viele Obstbäume haben ein Alter von 60 oder auch 70 Jahren und haben somit viele Jahrzehnte den Witterungsunbilden standgehalten. Oft wurden aber in der Neuzeit keine entsprechenden Nachpflanzungen vorgenommen. Die Erhaltung, Pflege und Neuanlage von Streuobstbeständen wird deshalb im Land Sachsen gefördert.

Zu manchen Zeiten kann man in der Schulzenmühle einkehren. Ansonsten ist aber nur ihre Vergangenheit beachtenswert. Sie entstand vermutlich um 1540. Ihren heutigen Namen erhielt sie jedoch erst im Jahre 1860, nachdem Familie Schulze das Anwesen erworben hatte. Zur Mahlmühle gehörten damals auch eine Brotbäckerei, eine Branntweinbrennerei sowie eine kleine Landwirtschaft. Allmählich entwickelte sich die Mühle zu einer Ausflugsgaststätte. Gemahlen wird hier schon seit 1928 nicht mehr.

Kurze Zeit nach der Schulzenmühle sind wir am Ende des Zschonergrundes angekommen und laufen nun zur Straßenbahnlinie 7, die uns zum Dresdner Hauptbahnhof bringt. Dazu biegen wir links in die **Altnossener Straße** ein, laufen auf dieser durch Pennrich bis zum Abzweig **Oskar-Maune-Straße** und dort nach rechts zur **Straßenbahn** hinauf.

Höchstwahrscheinlich siedelten sich im heutigen Dresdner Ortsteil Pennrich bereits im 11. Jahrhundert deutsche Kolonisten an. Urkundlich ist der Ort seit dem Jahre 1378 belegt. Einst gehörte auch dieses Dorf zum weitverzweigten Besitz des Klosters der Klarissen in Seußlitz (vgl. Klaus Jahn/Wanderbuch Sächsisches Weinland). Bis in das 19. Jahrhundert hinein blieb Pennrich ein Bauerndorf.

ZSCHONERGRUND

Der Zschonergrund, ein linkselbisches Seitental, beeindruckt mit seinen herrlichen Wiesen und den prachtvollen Bäumen.

Auf den Wiesen des Zschonergrundes sind zum Beispiel die Wiesenglockenblume, der Wiesenstorchschnabel und das Johanniskraut zu finden. Wir können dort die Feldlerche und auch das Rebhuhn beobachten. In der Ufernähe das Zschonerbaches trifft man die beiden Hauptarten des Eschen-Erlen-Bachwaldes an. Die Gemeine Esche, auch Edelesche genannt, ist mit ihren gefiederten Blättern ein etwas anspruchsvoller Baum, der tiefgründigen und nährstoffreichen Boden verlangt. Auch die Schwarzerle benötigt anhaltend feuchten Boden, ist aber weniger wärmebedürftig. An anderen Stellen stehen Stieleichen, Hainbuchen und Rotbuchen.

Am Rande des Zschonergrundes horsten der Mäusebussard und der Turmfalke. Ihre Beute, vorwiegend Feldmäuse, erjagen sie auf den angrenzenden Fluren.

Schon unsere Vorfahren nutzten das Tal wirtschaftlich. Die Bauern der umliegenden Orte mähten die Wiesen mit der Sense zur Heugewinnung. An den Hängen pflanzten sie Rebstöcke sowie auch Obstbäume. Und mit dem Wasser des Zschonerbaches wurden bereits zu Beginn des 14. Jahrhunderts Mühlräder betrieben. Allerdings waren die Mühlen später ein Hindernis für die kurfürstliche Jagd.

In der zweiten Hälfte des 18. Jahrhunderts gab es verschiedene Versuche, Erz abzubauen und Gold sowie Silber zu gewinnen, die jedoch nicht erfolgreich waren.

Im 19. Jahrhundert entdeckten die Dresdner das herrliche Wiesental. Vom Sächsischen Gebirgsverein ist überliefert, dass hauptsächlich in der Zeit der Baumblüte Tausende Städter in den Zschonergrund kamen. Sie seien musizierend und singend zur Zschonermühle gezogen.

16

Durch das Seifersdorfer Tal

Liegau-Augustusbad – Am Anglerteich – Seifersdorfer Tal – Brückweg – Seifersdorf

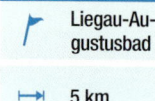

Liegau-Augustusbad	
5 km	
43 m	

ERREICHBARKEIT
Mit der S-Bahn oder der Städtebahn bis Dresden-Klotzsche, dann mit dem Bus 308 (Richtung Radeberg) bis Haltestelle Liegau-Augustusbad /Abzweig Schönborn. Rückfahrt mit Bus 317 ab Seifersorf nach Radeberg und von dort mit der Städtebahn.

EINKEHRMÖGLICHKEITEN
Marienmühle | Schönborner Straße 3 | 01454 Wachau | Tel.: 03528 447149

Die An- und Abfahrt mit öffentlichen Verkehrsmitteln ist problemlos und zudem ein landschaftlich schönes Erlebnis. Der Bus fährt im Dresdner Stadtteil **Langebrück** zunächst durch die Villengegend. Die Geschichte des Heidedorfes reicht zumindest bis in das Jahr 1288 zurück. Seine Bewohner lebten lange Zeit von der Jagd und der Holzwirtschaft. Mit dem Bau der Eisenbahnstrecke (1845) begann der Ort sich zu verändern. Wohlhabende Dresdner erkannten seinen besonderen Wert für Ruhe, Erholung sowie ausgedehnte Wanderungen oder auch nur gemütlich Spaziergänge. Sie ließen sich hier am Rand der Dresdner Heide Villen oder Landhäuser bauen. Pensionen entstanden.

Nach der Villengegend sehen wir während unserer Fahrt das „dörfliche" Langebrück. Schließlich schunkelt uns der Bus durch die Dörfer **Grünberg** und **Schönborn**. Der Wanderer wird vom Blick in die Landschaft begeistert sein. In **Liegau-Augustusbad** steigen wir am Nordrand der Dresdner Heide aus dem Bus. Dort laufen wir ein paar Meter in Fahrtrichtung und biegen dann von der linken Straßenseite in die Straße **Am Anglerteich** ein. Oben wird nach rechts abgezweigt. Wald, Feld und Sommergrundstücke säumen unseren Weg. Im Tal spazieren wir zwischen zwei Teichen hindurch, und danach gehen wir ein paar Meter nach links. Bei der dann folgenden Wegbiegung halten wir uns rechts.

Seifersdorf

Seifersdorfer Schloss

Ziel

Brückweg

Wachauer Str.

Seifersdorfer Tal

An der Ziegelei

Marienmühle

Seifersdorfer Tal

chönborn

Grundmühle

Liegauer Str.

Liegau-Augustusbad

Langebrücker Str.

Start

Langebrücker Str.

Radeberger Landstr.

Durch das Seifersdorfer Tal

Durch das Blattwerk der Bäume hindurch sehen wir schon die Gebäude der ehemaligen **Grundmühle**. Und damit sind wir bereits im Landschaftsschutzgebiet des Seifersdorfer Tales. Die Grundmühle gehörte vom Ende des 18. bis um Ende des 19. Jahrhunderts zum Rittergut Liegau. 1793 verfügte sie über zwei Mahlgänge, eine Brettschneide- und Ölmühle. Später kamen noch ein Backhaus sowie eine Schankwirtschaft hinzu. Zuletzt existierte noch die Gaststätte; diese wurde 1989 geschlossen. Das Grundstück ist jetzt bewohnt. Über eine Bruchsteinbrücke hinweg laufen wir durch das aus mehreren Gebäuden bestehende Anwesen hindurch. Außer dem Wohnhaus fällt uns bestimmt auch das Bäckerhaus auf, dessen Sockel bis in die Röder hinunterreicht. Die hübschen Puttenplastiken, inzwischen etwas bemoost, sind uns ebenfalls nicht entgangen. Von der Grundmühle läuft man direkt auf den Wegweiser „Marienmühle/Seifersdorf" zu. Das ist unsere Richtung für die nächste Stunde, vielleicht auch etwas länger. Ab und zu werden wir sicherlich diesen Weg nach rechts und links verlassen.

Achtung: Wir müssen jedoch immer wieder auf unseren Wanderweg zur Marienmühle zurückkehren.

Schon bald begleitet uns die **Große Röder**, die durch das ganze Tal fließt. Sie entspringt nahe dem Rammenauer Ortsteil Röderbrunn und mündet westlich von Elsterwerda in die Schwarze Elster.

Beiderseits des Flusses stehen prächtige Bäume, dazwischen liegen immer wieder feuchte Wiesen. Und natürlich die Überbleibsel des Landschaftsparks, den die Gräfin von Brühl gestaltet hatte. Nur auf einige ausgewählte Arbeiten soll aufmerksam gemacht werden. Der Wanderer möge selbst entscheiden, was er sich ansehen möchte.

Die Moosbänke beim **Altar der Wahrheit** sind ein herrliches Landschaftsmotiv.

Wir kommen an der aus Bruchsteinen bestehenden **Quelle von Vaucluse** vorbei. Sie ist nach dem Ort benannt, wo der Dichter Petrarca (1304-1374) den Gedichtszyklus schrieb, in dem er seine Liebe zu Laura bekannte. Nur einen Schritt weit entfernt steht Lauras Denkmal. Unser Weg führt dann gleich sehr nahe an der Röder entlang.

Moosbänke beim Altar der Wahrheit

In der Nähe der „Marienmühle" (erstmals 1532 erwähnt, 1852 umgebaut) kommt man zu einer **Asphaltstraße**. Hier wird nach links eingebogen. Beim Gasthaus steht ein großer Wanderwegweiser. Wir wollen nach Seifersdorf hinauf und laufen deshalb durch das Grundstück. Und wieder sind weiße Brücken ein hübscher Tupfer in der Landschaft.

Von Steinen umgeben sieht man auf einer Stele eine **Vase mit Blumen**. An dieser Stelle stand einst ein ländlicher Festsaal. Dann sehen wir den geschützten **Rest eines Baumes**. Die Tafel des BUND trägt die Aufschrift „Für eine gesunde Zukunft". Wir sollten ein wenig innehalten.

Höhenprofil Wanderung „Durch das Seifersdorfer Tal"

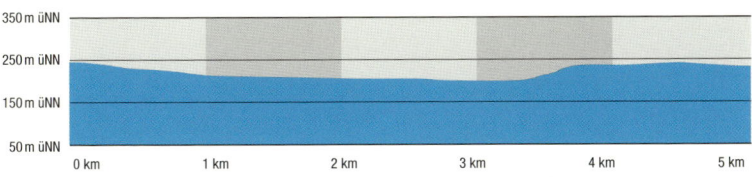

Schloss Seifersdorf

Unweit davon steht auf einem Stein geschrieben: „**Dem Sänger des Tales**". Er ist dem Hofkapellmeister Johann Gottlieb Naumann (1741-1801) gewidmet.

Jenseits des Flusses leuchtet ein heller Steinquader. Diesen ließ Carl v. Brühl „**Den freundlichen Pflegern des Tales**", seinen Eltern Christina und Moritz v. Brühl, setzen.

Ein wenig später steht auf einem schlanken Sockel mit einer nachdenkenswerten Inschrift eine **Büste Johann Gottfried Herders**.

Vor der Ortschaft Seifersdorf verengt sich der Wanderweg zu einem schmalen Pfad. Es geht einen Hang hinauf. Unter uns fließt die Große Röder.

Am Ende des Pfades befindet sich der Wegweiser „Schloss Seifersdorf". Gleich geht es wieder bergwärts. Nach kurzer Zeit gestattet die Höhe einen Blick zum Dorfensemble mit der Kirche.

Der Ort Seifersdorf wurde 1378 erstmals urkundlich erwähnt. Mit hoher Wahrscheinlichkeit hat es schon um diese Zeit eine Kirche gegeben. Der heutige Bau geht auf das Jahr 1605 zurück. Das Gotteshaus wird als „Sieben-Ritter-Kirche" bezeichnet, weil Demut gebietende Ritter den Altarplatz beherrschen.

Bei einer grundlegenden Renovierung im Jahre 1892 wurde

Im Seifersdorfer Tal

eine mechanische Orgel der Firma Eule aus Bautzen eingebaut. Wir kommen zur vielbefahrenen **Dorfstraße**. Dort weist uns das Schild nach rechts zum Schloss. Gleich neben dem **Schloss** stehen links die Gebäude des ehemaligen Rittergutes. Wir sehen heute das sechste Schlossgebäude. In der ersten Hälfte des 12. Jahrhunderts entstand eine überwiegend aus Holz gebaute Wasserburg. Für das Jahr 1208 wird in der Chronik eine steinerne Burg beschrieben. In den folgenden Jahrhunderten wurde das Schloss wiederholt umgebaut. Schließlich erhielt es zwischen 1818 und 1826 sein heutiges neogotisches Aussehen. Die Plä-

ne dazu lieferte der preußische Architekt und Baumeister Karl Friedrich Schinkel. Auch der Park wurde während dieser Zeit umgestaltet.

Im Jahre 1747 belehnte König August III. den Reichsgrafen und Premierminister Heinrich v. Brühl mit dem Rittergut und dem Schloss Seifersdorf. Die Familie v. Brühl besaß das Anwesen bis 1945. Heute ist die Gemeinde der Eigentümer. Neben dem Eingang zum Areal des Schlosses führt links die Schlossgasse hinunter zur Bushaltestelle für die Rückfahrt. Die Haltestelle in Richtung Radeberg befindet sich auf der gegenüberliegenden Straßenseite.

SEIFERSDORFER TAL

Auch die Gartenkunst unterliegt dem Wandel der Zeit. Der im Zeitalter des Barocks (17. bis erste Hälfte des 18. Jahrhunderts) zur Repräsentation angelegte Garten zeichnete sich durch lange Wege sowie einen symmetrischen Aufbau aus. Fontänen und Skulpturen sollen die Wirkung des Parks im Sinne eines Gesamtkunstwerks erhöhen. Ein Beispiel dafür ist der Garten in Großsedlitz.

Die Gartenschöpfer des ausgehenden 18. Jahrhunderts hingegen ließen der Natur freien Raum. Sie betrachteten den Garten als Freiraum für Kreativität. Zu den schönsten Landschaftsgärten dieser Zeit gehört das Seifersdorfer Tal. Die romantische Parklandschaft im Rödertal mit Nadel- und Laubbäumen, durch die wir wandern werden, entstand ab 1781 auf Initiative von Johanne Margarethe Christina Gräfin v. Brühl. Sie war die Schwiegertochter von Heinrich Graf v. Brühl, der wohl bekanntesten Persönlichkeit in der sächsischen Geschichte neben August dem Starken. Tina, wie sie genannt wurde, wollte einen Garten schaffen, der unterhalten, belehren und berühren sollte.

Für ihren Mann, den Seifersdorfer Gutsherrn, ließ sie als Geburtstagsgeschenk den ersten Inschriftenstein setzen. In den folgenden Jahren kamen weitere Steine, Tempel, Hütten, Altäre, Quellfassungen, Aussichtspunkte und auch künstliche Ruinen hinzu. Auch weiße Brücken, über die wir spazieren werden, hat es damals schon gegeben. Insgesamt waren es 44 Anlagen, die heute jedoch kaum noch zu erkennen sind. Reste von Denkmälern und anderen Requisiten werden wir aber sehen.

Die Geschichte des Seifersdorfer Tales ist hauptsächlich die der Liebe zur Natur, zur Kunst und zur ländlichen Gesellkeit. Familie v. Brühl zog damit auch bekannte Persönlichkeiten ihrer Zeit an. Dazu gehörten u. a. Gottfried von Herder, Ludwig Richter, Theodor Körner, Caspar David Friedrich, Johann Wolfgang v. Goethe und Christoph Martin Wieland.

HINWEIS

Diese Tour ist auch als Rundwanderung möglich. Dazu muss auf gleicher Strecke nach Liegau-Augustusbad zurückgelaufen werden.

Von Moritzburg in den Lößnitzgrund

Moritzburg – Dippelsdorfer Teich – Dippelsdorf – Friedewald – Lößnitzgrund – Radebeul

Moritzburg

10 km

79 m

Während der Fahrt mit der Schmalspurbahn, von Einheimischen herzlich „Lößnitzdackel" genannt, wird man schon auf die Wanderung eingestimmt. Beim ersten Haltepunkt haben wir einen herrlichen Blick auf die Radebeuler Weinberge mit dem Spitzhaus und dem Bismarckturm. Dann schlängelt sie sich durch den malerisch engen Lößnitzgrund und fährt auf einem Damm über den Dippelsdorfer Teich.

In Moritzburg laufen wir die **Bahnhofstraße** hinauf und queren die **Schlossallee** zur **Schulstraße** hin. Auf dieser geht es abwärts.

Bei der Grundschule ist der Weg zum Schulgebäude überaus einfallsreich gestaltet. Auch die hübschen Plastiken auf der Rabatte stimmen die Kinder gewiss auf einen frohen Schultag ein.

Am Ende der Schulstraße wird links in die **Kötzschenbrodaer Straße** eingebogen. Wir erreichen dann eine Gabelung, dort halten wir uns rechts. Wir sind jetzt im Moritzburger Ortsteil Eisenberg, dessen Ursprung bei etwa 1295 (vermutlich sogar schon früher) liegt. Seine Geschichte ist eng mit dem Moritzburger Jagdrevier der Wettiner verbunden. Und die begann 1542. Damals ließ Herzog Moritz von Sachsen auf einer felsigen Landzunge ein schlichtes Landhaus errichten. Damit war gleichzeitig der Grundstein für das heutige

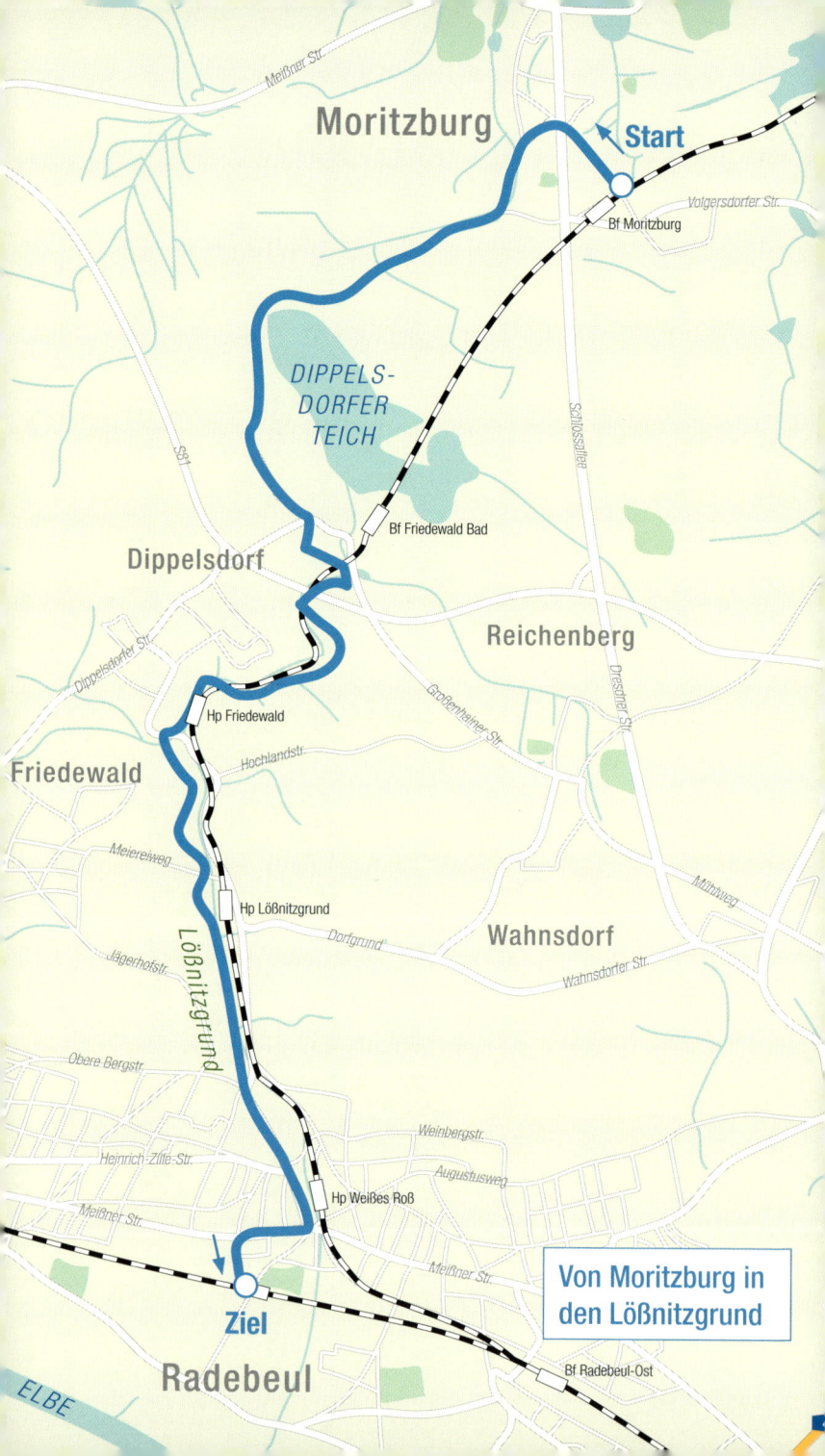

Moritzburg

Start

Bf Moritzburg

Volgersdorfer Str.

DIPPELS-
DORFER
TEICH

Bf Friedewald Bad

Dippelsdorf

Reichenberg

Dippelsdorfer Str.

Hp Friedewald

Hochlandstr.

Friedewald

Meiereiweg

Großenhainer Str.

Dresdner Str.

Schlossallee

Hp Lößnitzgrund

Dorfgrund

Wahnsdorf

Jägerhofstr.

Wahnsdorfer Str.

Mühlweg

Lößnitzgrund

Obere Bergstr.

Weinbergstr.

Heinrich-Zille-Str.

Augustusweg

Meißner Str.

Hp Weißes Roß

Ziel

**Von Moritzburg in
den Lößnitzgrund**

Radebeul

Meißner Str.

Bf Radebeul-Ost

ELBE

Schloss gelegt. Im Jahre 1675 erhielt das Dorf Eisenberg vom Kurfürsten das Marktrecht. Der sächsische Hof wollte dadurch erreichen, dass sich mehr Handwerker zur Befriedigung der kurfürstlichen Hofhaltung niederließen.

Unser weiterer Weg führt jetzt auf der linken Seite an einem **Teich** mit einem schönen Entenhäuschen vorbei. An dieser Stelle zeigt ein Wegweiser mit dem Symbol einer Kleinbahn unsere Richtung nach Friedewald an.

Der Teich gehört zum „Alten Brauhaus". Ab 1551 durfte in Eisenberg Bier gebraut und auch ausgeschenkt werden. Das heutige Bauwerk stammt aus dem Jahre 1801.

Nach der Kötzschenbrodaer Straße wandern wir bergwärts in Richtung **Dippelsdorfer Teich**. Dieser Straßenabschnitt ist uns Wanderern und den Radtouristen vorbehalten.

Wir kommen an Pferdekoppeln vorbei. Sie sind d a s Wahrzeichen rund um Moritzburg. Hier ist auch das Sächsische Landgestüt zu Hause.

Bereits im 16. Jahrhundert gab es in verschiedenen sächsischen Orten Hofgestüte. 1721 verfügte August der Starke,

die Pferdezucht in Graditz zu konzentrieren. 192 Stuten standen damals dort. Durch Kriegsereignisse fiel Graditz und damit auch das Gestüt an Preußen. Der Verlust des Graditzer Gestüts veranlasste den sächsischen König Anton (Regierungszeit 1827-1836) in den Moritzburger Jagdstallungen Hengste als Landbeschäler zu halten. Die Tätigkeit des Gestüts konzentriert sich heute auf die Zucht moderner Reitpferde. Außerdem werden Pferdewirte ausgebildet.

Oben auf der Höhe bietet uns eine Bank die Möglichkeit für einen beschaulichen Blick über den **Dippelsdorfer Teich** hinweg. Am Rastplatz befindet sich wieder ein Wanderwegweiser. Außerdem wird hier an die expressionistische Künstlergruppe „Brücke" erinnert. Vielleicht versuchen wir, durch den Rahmen hindurch ein wirkungsvolles Brücke-Motiv zu fotografieren. Der Brücke-Weg um Moritzburg umfasst 15 Standorte, die man zu Fuß oder mit dem Fahrrad erkunden kann. Für den an Kunst interessierten Wanderer ist das bestimmt eine Idee für einen weiteren Ausflug. Am Ende des Wäldchens verlassen wir

Höhenprofil Wanderung „Von Moritzburg in den Lößnitzgrund"

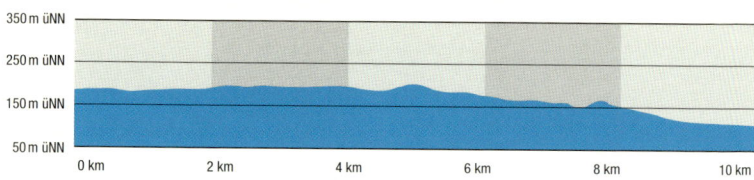

den Asphaltweg und biegen links auf den wunderschönen **Wiesenweg** an dem mit Schilf bewachsenen Ufer des Teichs ein.

In der Nähe des **Ortes Dippelsdorf** biegen wir rechts ein. Bald queren wir die Hauptstraße und halten uns nach ein paar Metern dann links. Das Wanderzeichen „gelber Punkt" begleitet uns jetzt bis nach Radebeul. Achtung: An manchen Stellen ist der Punkt etwas verblichen.

Wir laufen unter der Brücke hindurch und zum **Bahnhof Friedewald Bad** hin. Dort geht es auf der anderen Seite der Gleise nach rechts, unter der Straßenbrücke hindurch und dann links den Fußweg hinauf. Wir laufen an einem Feld entlang und biegen später nach rechts ein. Ein breiter **Feldweg** führt sodann hinab in den **Lößnitzgrund**. Bald ist auf dieser Strecke der Lößnitzbach zu

sehen. Der 6,7 Kilometer lange Bach fließt vom Dippelsdorfer Teich durch den Lößnitzgrund zur Elbe. Bis zur Anlage des Dippeldorfer Teiches (um 1528) war er als natürlicher Abfluss aus der Moritzburger Flur deutlich wasserreicher. Der Lößnitzgrund ist ein feuchtes Tal. An seinen Hängen stehen hauptsächlich Eichen und Buchen. In der Nähe des Baches gedeihen zahlreiche wasserliebende Pflanzen. Nach dem ersten Anwesen im Lößnitzgrund steigen wir die Stufen zur ehemaligen **Kaisermühle** hinab. Unser weiterer Weg verläuft jetzt stets parallel zum Gleis und zum Bach. Bis in das 19. Jahrhundert trieb sein Wasser sieben Mühlen an. Dazu gehörten auch die Meierei, die Carolamühle, die Jägermühle, die Schefflermühle und die Grundmühle. Auf unserer Wanderung werden wir manches ehemalige Mühlengrundstück entdecken. Nach der Kaisermühle wird der Haltepunkt der Lößnitzgrundbahn in **Friedewald** erreicht. Das repräsentative Gebäude mit dem Schriftzug „Kurhaus Friedewald" (errichtet 1899) war lange Zeit ein beliebtes Ausflugslokal. Ab 1960 wurde es vom Institut für Lehrerbildung Radebeul als Internat genutzt. Nach dem Kurhaus spazieren wir ein paar Schritte nach rechts hoch und gleich wieder nach links auf den Weg parallel zur Lößnitzgrundbahn.

Bald erscheint links das Gebäude der **Schefflermühle**. Ihr Ursprung liegt im Jahr 1547. Sie ist heute elektrobetrieben und produziert Futtermittel.

Nach einiger Zeit queren wir nochmals eine Fahrstraße. Diese führt rechts hinauf zum Bilz-Bad. Wir bleiben jedoch weiter im Lößnitzgrund.

Wir kommen an der **Meierei** vorbei. Auch hier stand mindestens ab 1547 eine Wassermühle. Zeitweise gehörten zum Mahlbetrieb auch eine Bäckerei und sogar eine kleine Milchwirtschaft. 1882 wurde eine Gastwirtschaft eröffnet, die sich zu einer gern besuchten Tanz- und Ausflugsstätte entwickelte. Einkehren kann man auch heute wieder.

Bei der dann kommenden Weggabelung führt eine Straße bergwärts. Wir wandern jedoch weiter im Tal. Man kommt

Kurhaus Friedewald

zum Gebäude der ENSO Strom AG (links). Auch hier stand ab der ersten Hälfte des 16. Jahrhunderts eine Mühle, bevor 1895 ein Elektrizitätswerk die Arbeit aufnahm.

Kurze Zeit später spazieren wir über den Lößnitzbach sowie über die Gleise der Schmalspurbahn sowie auch über die Hauptstraße hinweg. Unterhalb unseres Weges steht das Gasthaus „Grundmühle". Eine Mühle wird erstmals 1461 erwähnt. Der Pächter der Grundmühle erhielt 1872 vom Königlichen Gerichtsamt Moritzburg die Erlaubnis, Kaffee und Wein auszuschenken und einfache kalte Speisen anzubieten. Wir laufen ein kurzes Stück die **Hoflößnitzstraße** hinauf und biegen dann rechts in die **Lößnitzgrundstra-**ße ein. Links kommt bald die Hoflößnitz mit dem Bismarckturm und dem Spitzhaus in unser Blickfeld (vgl. Klaus Jahn/Wanderbuch Sächsisches Weinland).

Von der Lößnitzgrundstraße wird rechts auf den **Mühlweg** eingebogen. An dessen Ende sind wir nach wenigen Augenblicken beim Haltepunkt „Weißes Roß" angelangt. In rechter Richtung erreicht man bei den Landesbühnen Sachsen die Straßenbahn (Linie 4). Wer mit der S-Bahn den Wandertag beenden möchte, quert bei den Landesbühnen die Straße, läuft noch ein paar Meter in der gleichen Richtung weiter und biegt dann links in die Weinbergstraße ein. Diese führt zum S-Bahnhof Radebeul-Weintraube.

Lößnitzgrundbahn

Vom Prießnitztal zum Elbtal

Georg-Estler-Straße – Nesselgrundweg – Prießnitztalstraße – Kuhschwanzbrücke –
Dresdner Saugarten – Bautzner Landstraße – Plattleite – Kurpark – Schillerstraße –
Schevenstraße – Heilstättenweg – Bautzner Straße

ERREICHBARKEIT
Mit dem S-Bahn oder der Städtebahn bis Dresden-Klotzsche.
EINKEHRMÖGLICHKEITEN
Restaurant Lingner-Schloss und Lingnerterrassen | Bautzner Straße 132
01099 Dresden | Tel.: 0351 6465382 | info@lingnerschloss.de

Dresden	
12 km	
131 m	

Den Bahnhof verlassen wir
nach links. Auf der gegenüberliegenden Straßenseite befindet
sich an einem Baum, etwas
schwer zu erkennen, das **Richtungsschild „Prießnitzgrund"**.
Dort wollen wir hin.
Obwohl wir vom Ort nicht viel
sehen, da wir gleich der Heide
zustreben, erkennt man an verschiedenen Häusern, dass auch
Klotzsche (vgl. Wanderung 16)
ehemals ein Villenort gewesen
ist.
Wir halten uns links, biegen
in die **Georg-Estler-Straße** ein
und gleich danach links in die
Straße **Am Waldblick**. Schließlich biegen wir auch von dieser
nach links in den **Nesselgrundweg** ein. Unter der Brücke
hindurch erreichen wir die
Prießnitztalstraße. Auch von

dort geht es nach links weiter
(roter Punkt).
Wir befinden uns jetzt in der
Dresdner Heide.
Auf den ersten Blick ist der
Begriff „Heide" sicherlich
etwas verwirrend, denn wir
treffen keine Heidelandschaft
im althergebrachten Sinne an.
In Sachsen jedoch werden auch
größere Waldstücke als Heide
bezeichnet.
Die Dresdner Heide, ein
artenreicher Mischwald mit
einer vielfältigen Tierwelt und
zahlreichen kleinen Bächen, hat
eine Größe von 52 Quadratkilometern.
Über Jahrhunderte hinweg war
die Dresdner Heide wegen ihres
artenreichen Wildbestandes
ein besonders beliebtes Jagdrevier der Meißner Markgrafen

Vom Prießnitztal zum Elbtal

Klotzsche

Böttchfliegener Str.

Königsbrücker Landstr.

Langebrücker Str.

Start

Prießnitztalstr.

Prießnitzwasserfall

97

Prießnitz

DRESDNER HEIDE

Dresdner Saugarten

Alte 7

Alte 3

DRESDEN

Radeberger Landstr.

Alte 3

Charlottenstr.

Bautzner Landstr.

Ziel

6

Diebsteig

Weißer Hirsch

Waldschlösschenbrücke

ELBE

Käthe-Kollwitz-Ufer

Schillerstr.

Grundstr.

und danach der sächsischen Kurfürsten und Könige. Das fürstliche Jagdprivileg endete erst im Jahre 1918. Erst danach konnte sie sich zu einem begehrten Ausflugsziel für die Stadtbevölkerung entwickeln. Nach dem Kletterwald ist bald der Abzweig zum Prießnitzwasserfall erreicht. Hier verlassen wir die **Prießnitztalstraße** und laufen rechts den **Waldweg** hinein.

Die Prießnitz, den größten Heidebach, haben wir bestimmt schon bemerkt. Ihr Name ist von der altsorbischen Bezeichnung „breza" (Birke) abgeleitet. Sie entspringt in Rossendorf am Rande Dresdens und mündet nach 24,5 km in der Äußeren Neustadt in die Elbe.

Beim kleinen **Wasserfall** befindet sich ein einladender Rastplatz. In Chroniken wird davon berichtet, dass auch schon König Johann von Sachsen (Regierungszeit 1854-1873) in seiner Nähe gerastet haben soll. Unterhalb des Wasserfalls fließt aus dem Hang eine Quelle, die nach dem Architekten und Heideforscher Oscar Pusch (1887-1971) benannt ist. Verschiedene historische Brücken überspannen die Prießnitz. Einige werden wir passieren. Vom Rastplatz laufen wir über

Die Prießnitz

Höhenprofil Wanderung „Vom Prießnitztal zum Elbtal"

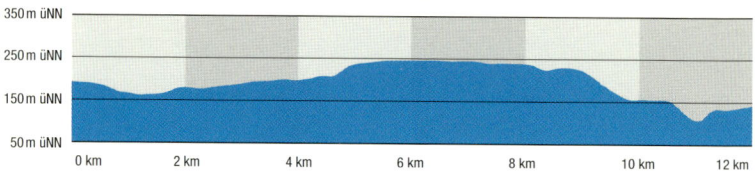

die **Bergmannbrücke** hinweg und biegen auf der anderen Seite nach links ein. Wir blicken also jetzt von oben auf den Wasserfall.

Über die Andersbrücke hinweg kommen wir wieder zur **Prießnitztalstraße** (roter Punkt). Auf dieser wandern wir jetzt bis zur Kuhschwanzbrücke. Unterwegs werden wir auf **Ludens Ruhe**, benannt nach dem Heidewanderer Ludwig Schneider, aufmerksam gemacht. Stufen führen hinauf zu diesem Rastplatz auf der Höhe. Vielleicht wollen wir einen Abstecher unternehmen.

Ansonsten wandern wir auf unserer bisherigen Route weiter. Wir kommen an der Kannenhenkel- und an der Schwedenbrücke vorbei. Danach erreichen wir die **Kuhschwanzbrücke**. An dieser Stelle verlassen wir die Prießnitztalstraße endgültig, laufen über die Brücke hinweg **Richtung**

Dresdner Saugarten. Gleich rechts entdecken wir an einem Baum die Zahl 7.

Bei unserer weiteren Tour werden wir jetzt wiederholt ähnliche Zeichen entdecken. Zur Jagd und für die waldwirtschaftlichen Belange war bei der Vielzahl der Wege in diesem großen Waldgebiet eine Orientierung unbedingt erforderlich. Die kurfürstliche Forstverwaltung ließ deshalb die Wege durch Zeichen markieren. Dazu wurden von Waldzeichenschneidern Rindenstücke aus starken Bäumen entfernt, Symbole ausgeschnitten und diese rot ausgemalt. Die erste Heidekarte, der sogenannte Ur-Oeder, stammt von Matthias Oeder, und zwar aus dem Jahre 1589. Höchstwahrscheinlich begann man damit aber bereits im 12. Jahrhundert.

Wir wandern also fortan die **Alte Sieben** hinauf zum **Dresdner Saugarten**.

In der Heide gab es vier Saugärten: den Dresdner, den Langebrücker, den Liegauer und den Lausaer. Darin hielt man Wildschweine gefangen. Für die Jagd wurden sie freigelassen und mit der Saufeder erlegt. Der Dresdner Saugarten, angelegt um 1560, ist der älteste. Er lag im Mittelpunkt des vom Kartografen Johannes Humelius angelegten sternenförmigen Wegenetzes der Heide. Die Wegesäule, die wir hier sehen, symbolisiert mit den Zahlen 1-8 die strahlenförmig abgehenden Wege.

Als zentralen Punkt für die höfischen Jagden ließ August der Starke im Jahre 1710 von Matthäus Daniel Pöppelmann, damals noch Landbaumeister, ein kleines Jagdschlösschen bauen. Es wurde um 1850 aber wieder abgerissen.

Vom Langebrücker Saugarten sind noch ein Teil der Mauer sowie das Wärterhäuschen erhalten geblieben (siehe Klaus Jahn/Wandertipps rund um Dresden/Band 2).

Wir wandern jetzt rechts von der Schutzhütte auf der **Alten Drei** zum Dresdner Stadtteil Weißer Hirsch. Dabei muss die vielbefahrene Radeberger Straße überquert werden. Kurz vor dem Stadtrand sehen wir ein Z

Schwedenbrücke im Prießnitztal

mit einem senkrechten Strich. Dieses Symbol steht für **Dieb-steig**. Die Waldzeichenschneider erfanden Symbole und gaben diesen dann eine Bezeichnung. Am Stadtrand kommen wir zu einer **Brücke**. Wir laufen unter dieser hindurch. Auf der anderen Seite geht es über das **Mordgrundwasser** hinweg und den Diebsteig hinauf. Wir erreichen so auf der **Stech-grundstraße** beim ehemaligen Lahmann-Sanatorium den Wei-ßen Hirsch. Dieser Dresdner Stadtteil entwickelte sich aus einer Landgemeinde zu einem höchst vornehmen Wohn-ort. Sein Name geht auf das 1686/87 errichtete Gasthaus „Zum Weißen Hirsch" zurück. Später kamen Sommerfrischler hierher. Und schließlich wur-de damit begonnen, auf den landwirtschaftlichen Flächen Fremdenheim und Villen zu bauen. Damit setzte auch die Entwicklung zum heilklima-tischen Kurort ein, welcher die amtliche Bezeichnung „Weißer Hirsch" erhielt.

Der Anblick wird den Wande-rer schon auf den ersten Metern begeistern.

Im Jahre 1888 eröffnete Dr. Heinrich Lahmann ein Sanato-

Blick vom Elbtal zur Loschwitzer Brücke

rium zur Behandlung nervlicher Erkrankungen. Es dauerte lange, bevor seine therapeutischen Auffassungen (vegetarische Kost, Bewegung an frischer Luft, leicht verträgliche Baumwoll-Leibwäsche) anerkannt wurden.

In der außergewöhnlichen Villa mit Bleiverglasungen der Fenster, Kunstschmiedegittern und Sandsteinmedaillons (erbaut 1896) wohnte Dr. Lahmann mit seiner Familie.

Vom Weißen Hirsch wandern wir hinunter ins Elbtal. Dabei werden wir weitere interessante Grundstücke entdecken.

Wir queren die **Bautzner Landstraße** zur **Plattleite** hin. Von dieser biegen wir nach etwa 300 Metern rechts in die **Wolfshügelstraße** ein und von dieser links in die **Collenbuschstraße**. Vielleicht ist auch das Folgende interessant:

Im Haus Collenbuschstraße 4 wohnte ab 1951 der dänische Schriftsteller Martin Andersen Nexö. Nach dessen Tod (1954) wurde diese Villa zur Gedenkstätte, aber leider dann 1990 geschlossen.

Das Haus Collenbuschstraße 7 war zeitweise der Wohnsitz des DDR-Jugendschriftstellers Max Zimmering.

Wir kommen zum **Kurpark**. Von seiner dem Tal zugewandten Seite führt ein zunächst fast unscheinbarer Weg abwärts zur **Schillerstraße**. Auf dieser biegen wir links ein und später rechts auf die **Schevenstraße**.

Das letzte Grundstück (Nr. 59) auf der linken Seite ist wegen seiner hohen Mauer nicht einzusehen. Es ist als Dinglingers Weinberg in die Geschichte eingegangen. Johann Melchior Dinglinger, Hofjuwelier Augusts des Starken, hatte hier seinen Sommersitz.

Am Ende der Schevenstraße steigen wir nun links den **Heilstättenweg** hinunter und kommen zu den drei Elbschlössern (siehe Klaus Jahn/Wandertipps rund um Dresden/Band 2). Der Park auf der rechten Seite gehört zum **Schloss Eckberg**. Im Tal biegen wir nach rechts ein. Ein paar Meter elbabwärts führen Stufen durch den Weinberg hinauf zum **Lingner-Schloss**. Von dort erreichen wir durch den weiträumigen Park das **Schloss Albrechtsberg**. Man verlässt das Schloss nach rechts und kommt auf der Bautzner Landstraße zur **Straßenbahn** (Linie 11).

19

Vom Plauenschen Grund zum Hohen Stein

F.-C.-Weiskopf-Platz – Altplauen – Weißeritz – Am Eiswurmlager – Hoher Stein – Schleyermacherstraße – Altplauen

	Dresden
	3 km
	44 m

ERREICHBARKEIT
Mit dem Bus 62 ab Prager Straße bis Haltestelle Dresden-Plauen.
EINKEHRMÖGLICHKEITEN
Keine Einkehrmöglichkeit, jedoch mehrere Bänke.

Diese Wanderung ist eine gemütliche Nachmittagstour in eine historisch interessante Dresdner Gegend.

Man verlässt den Bus und hat sofort den Blick auf das **Rathaus** im Stadtteil Plauen, ein eindrucksvolles Bauwerk, wesentlich im Stile der Neorenaissance mit einem 51 Meter hohen Turm. Es wurde 1893/94 nach den Plänen der Dresdner Architekten William Lossow und Hermann Viehweger von der Firma Gebr. Fichtner gebaut. Auch seine Innenausstattung ist besonders repräsentativ.

Unsere Route verläuft über den **F.-C.-Weiskopf-Platz** (Franz Carl Weiskopf war ein deutschsprachiger Schriftsteller), den

früheren Dorfplatz, hinweg. Dort ist der Müllerbrunnen der Anziehungspunkt. Auch dieser wurde im Architekturbüro Lossow&Viehweger entworfen. Die Figur des Müllerburschen stammte ursprünglich vom Dresdner Bildhauer Robert Henze, einem Schüler von Johannes Schilling und Ernst Rietzschel. Diese wurde allerdings im Zweiten Weltkrieg für Rüstungszwecke eingeschmolzen. Heute sehen wir eine Kopie des Bildhauers Wilhelm Landgraf.

Unser nächstes Ziel ist die Auferstehungskirche. Dazu biegen wir vom F.-C.-Weiskopf-Platz nach links auf die Straße **Altplauen** ein. Und wieder stehen wir vor einem impo-

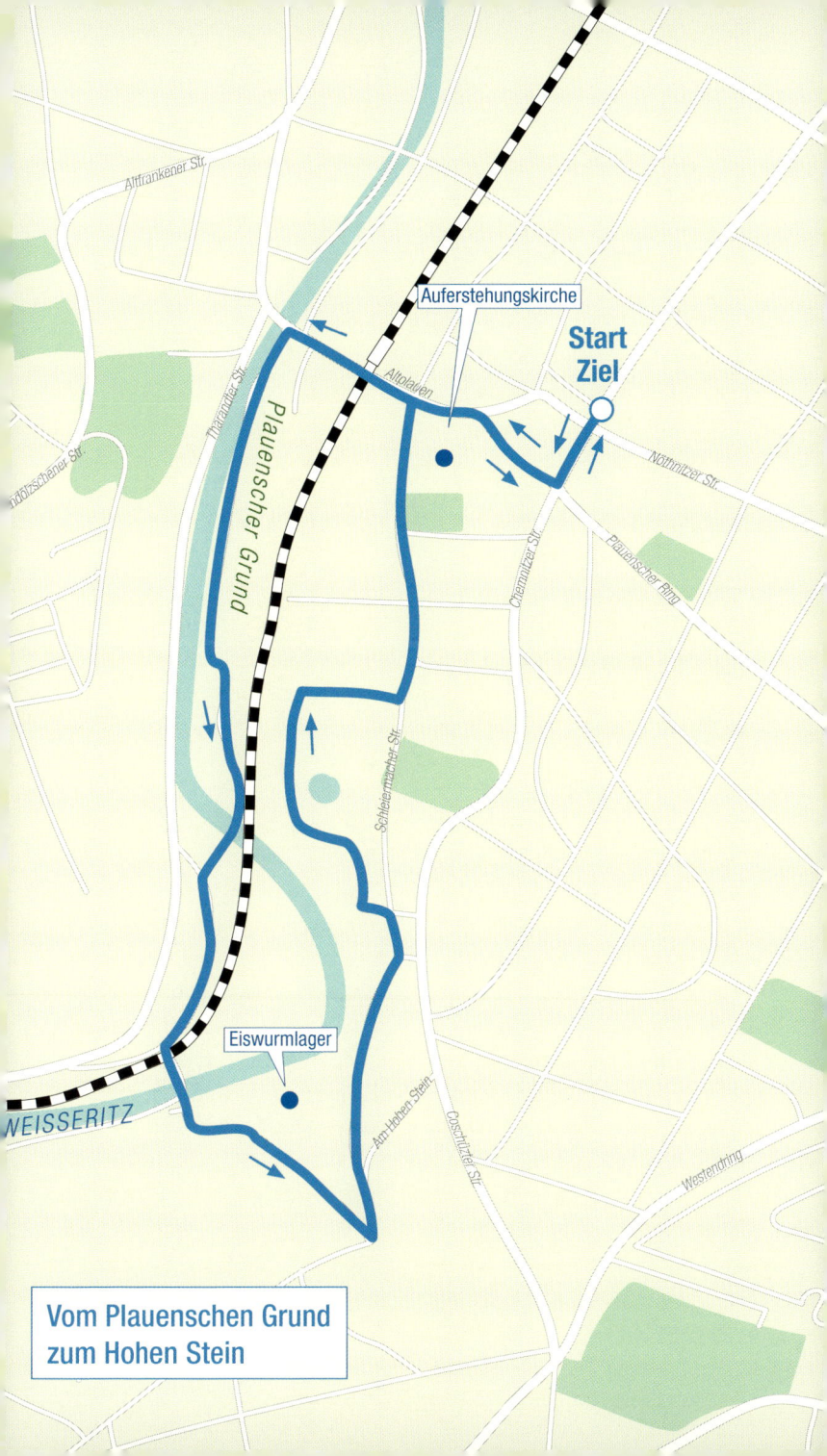

Auferstehungskirche

Start Ziel

Altplauen

Plauenscher Grund

Eiswurmlager

WEISSERITZ

Vom Plauenschen Grund
zum Hohen Stein

santen Bauwerk, das seit seiner Erweiterung im Jahre 1901 die Handschrift der Architekten Lossow und Viehweger trägt. Der Ursprung des evangelisch-lutherischen Gotteshauses kann bis in das 12. Jahrhundert zurückverfolgt werden. Die wachsende Einwohnerzahl erforderte in den folgenden Jahrhunderten immer wieder Um- und Erweiterungsbauten. Von der Kirche laufen wir unter der Brücke des **S-Bahn-Haltepunktes Plauen** hindurch. Wir kommen so zum Museum Hofmühle. Allgemein ist sie jedoch als Bienert-Mühle bekannt. Ihre Geschichte reicht viele Jahrhunderte zurück.

Die im Jahre 1541 hier von Dresdner Tuchmachern errichtete Walkmühle ließ der sächsische Hof abbrechen und 1571 als Mahlmühle mit 16 Mahlgängen wieder aufbauen. Der Müller Traugott Bienert aus Eschdorf (bei Dresden) pachte-

te 1852 die Hofmühle, bevor er diese schließlich 1872 kaufte. Er entwickelte die Mühle zu einem industriell arbeitenden Großbetrieb, den seine Nachfahren weiter modernisierten. Produziert wurde bis 1991. Im heutigen Mühlenmuseum (geöffnet Dienstag, Mittwoch, Donnerstag 16 bis 18 Uhr und Sonntag bereits ab 14 Uhr) kann man die gesamten Produktionsanlagen der Mühle leider nicht mehr sehen, jedoch die ehemalige Mischerei. Außerdem vermittelt das Innere des denkmalgeschützten Gebäudes einen Eindruck von der Bautechnik des 19. Jahrhunderts.

Am Ufer der Weißeritz biegen wir nach links ein und wandern jetzt im Plauenschen Grund. Man passiert ein Tor. Auf dem **Bienert-Wanderweg** stehen verschiedene Informationstafeln. Zudem ist es durchaus möglich, dass wir an die hochwasser-

Höhenprofil Wanderung „Vom Plauenschen Grund zum Hohen Stein"

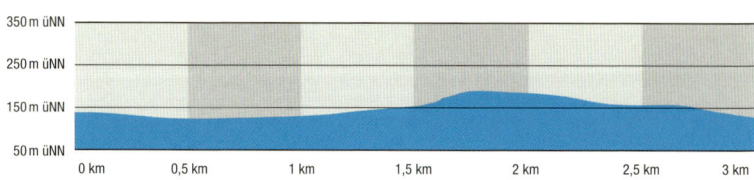

Eingang Gymnasium Dresden-Plauen

führende Weißeritz erinnert werden. Unsere Route führt bald sehr nahe an der Eisenbahnstrecke entlang. Bei der **Hegereiterbrücke** erreichen wir den Mühlgraben.

Als Hegereiter bezeichnete man die reitenden kurfürstlichen Forstbeamten, die ein Jagdrevier zu beaufsichtigen hatten. Ursprünglich war die „Brücke am Hegereiter" aus Holz gebaut. In den Jahren 1779 bis 1782 wurde sie dann mit Pirnaer Sandstein neu errichtet. Auf der anderen Seite der Brücke werden wir auf das „Wasserkraftwerk Bienertwehr mit Fischtreppe" aufmerksam gemacht. Nach dem Wasserkraftwerk geht es links den Weg entlang. So erreichen

wir den e**hemaligen Plauener Bahnhof**, ein architektonisch hübscher Gebäudekomplex. Bald danach queren wir die Bahnstrecke zum weiträumigen Areal der früheren **Felsenkellerbrauerei** hin. Der Grundstein für diese Brauerei wurde im April 1857 gelegt; gebraut wurde bis zum Jahre 1991.

Gleich nach der Brücke kommen wir zu einer historischen Stelle. Dort stand vormals die Buschmühle, eine der ältesten Mühlen im Plauenschen Grund. Ihre Anfänge reichen höchstwahrscheinlich bis um 1500 zurück. Zuerst betrieb die Wasserkraft einen Kupferhammer und danach eine Glas- und Spiegelschleife. Im Jahre 1559 wurde sie zur Getreidemühle umgebaut. Nachdem in ihrer unmittelbaren Nähe die Felsenkellerbrauerei entstand, richtete man in der Mühle ein Gasthaus ein. Schließlich musste sie 1871 zur Erweiterung der Brauerei abgerissen werden.

Bestimmt ist auch das Folgende interessant: Die idyllische Lage der Buschmühle im wunderschönen Tal zog immer wieder Dichter und natürlich auch Landschaftsmaler an. Nach der Überlieferung soll hier Ludwig Wilhelm Müller zu seinen später vertonten Gedichten „Am Brunnen vor dem Tore" und „Das Wandern ist des Müllers Lust" angeregt worden sein.

Beim **Eiswurmlager** steigen wir die Stufen hinauf und wandern auf dem markierten Weg weiter. Im Felsen soll sich ein Eiswurm verstecken. Vielleicht entdecken wir ihn! – In einem „Histörchen" aus der Mitte des 19. Jahrhunderts wird nämlich davon berichtet, ein Eiswurm lecke das Eis von den Bierfässern, und deshalb würde das Bier schlecht. Ein aufgeregter Aktienbesitzer wollte aus diesem Grund seine Felsenkeller-Aktien wieder abstoßen. Es geht jetzt viele Stufen aufwärts. Oben kann man dann auf einer Bank verschnaufen.

Wir biegen nach links ein und kommen zu einer großen Streuobstwiese. Dort befindet sich an einem Baum ein Insektenhotel.

Von der Ferne sieht man schon den Turm beim **Hohen Stein**. Dort wollen wir hin. Den Aussichtsturm (geöffnet Donnerstag bis Sonntag 10 – 18 Uhr) ließ 1864 der Schmiedemeister F. A. Frohberg errichten. Vom Turm laufen wir wieder hinunter ins Tal. Dabei kommen wir links an mehreren Aussichtspunkten in den Plauenschen Grund vorbei, von wo man herrliche Blicke auf Dresden und zur Lößnitz hat.

Die Felswände fallen fast senkrecht ab. Zum Vergnügen der Hofgesellschaft soll man hier 1719 einen Bären und Hirsche in die Tiefe getrieben haben. Ein grausames Spiel.

Vom Wanderweg schwenken wir auf den mitten durch die Wiese führenden **Trampelpfad** ein. Mit dem Blick auf die Sternwarte und das Gymnasium erreichen wir die **Schleyermacherstraße**. Auf dieser laufen wir abwärts und kommen wieder zur **Auferstehungskirche**. Bis zur Bushaltestelle oder zum S-Bahn-Haltepunkt ist es nicht mehr weit.

Blick vom Hohen Stein zum ehemaligen Bahnhof Dresden-Plauen

PLAUENSCHER GRUND

Der Plauensche Grund, ein Durchbruchstal der Weißeritz, erstreckt sich von Altplauen, dem Ausgangspunkt unserer Wanderung, bis nach Freital. Die einstige romantische Felsenlandschaft mit einer breiten Schlucht veränderte sich im 19. und 20. Jahrhundert durch Verkehrs- und Industriebauten (u. a. Steinkohlenbergbau, Eisengießerei, Steinbrüche) völlig. Mit dem Wasser der Weißeritz wurden mehrere Mühlen betrieben.

Einen Eindruck vom ursprünglichen Landschaftsbild können wir beim Blick von den verschiedenen Aussichtspunkten am Hohen Stein gewinnen.

Der Dresdner Hof nutzte die Kulisse des wildromantischen Tales mit interessanten geologischen Formationen, seltenen Pflanzen und einer vielfältigen Tierwelt für prächtige Feste. Im Jahr 1698 soll hier August der Starke seinem russischen Gast, dem Zaren Peter I., einen farbenfrohen Fackelzug der Freiberger Bergknappen präsentiert haben. Natürlich war der Plauensche Grund auch eines der Jagdreviere der sächsischen Herrscher.

Vom langjährigen Prediger der Festungsbaukirche in Dresden, Johann Christian Hasche (1744-1827) wird berichtet, dass er diese Gegend als „Sächsische Schweiz im Kleinen" bezeichnet haben soll.

Schrittweise wurde das wildverwachsene Tal bewohnbar gemacht, allerdings nur für den Preis erheblicher Verluste der natürlichen Gegebenheiten. 1560 schlug man den ersten Fußweg durch den Wald. Etwa 200 Jahre später legten Freiberger Bergleute den ersten Fahrweg an, welcher dann um 1800 zu Verkehrsstraße ausgebaut wurde. Schließlich baute man 1854/55 eine Eisenbahnstrecke, die Albertbahn, von Tharandt nach Dresden.

Vom Lieblingstal zum Wesenitztal

Dürrröhrsdorf-Dittersbach / Markt – Zum Lieblingstal – Lieblingstal – Schöne Höhe – Wesenitztal – Schlosspark Dittersbach

	Dürrröhrs-dorf	**ERREICHBARKEIT** Mit dem Bus 234 von Pirna bis Dürrröhrsdorf-Dittersbach/Markt, mit dem Pkw bis zum Parkplatz Markt.
	5,5 km	**EINKEHRMÖGLICHKEITEN** Berggaststätte „Schöne Höhe" ǀ An der Schönen Höhe 14 01833 Dürrröhrsdorf-Dittersbach ǀ Tel.: 035026 91035 info@schoenehoehe.de
	101 m	

Nach der landschaftlich interessanten Fahrt über das Hochland beginnt unsere Tour in dem Ort mit dem Doppelnamen **Dürrröhrsdorf-Dittersbach.**

Beide Dörfer sind schon über Jahrhunderte eng miteinander verbunden, denn sie hatten frühzeitig gemeinsame Besitzer. August (Regierungszeit 1553-1586), der zweite Kurfürst aus dem albertinischen Zweig des Hauses Wettin, trat seinem Kanzler Hieronymus Kiesewetter beide Dörfer ab. Dieser ließ auch ein Schloss bauen, das damals von einem Wassergraben umgeben war. 200 Jahre besaß diese Familie die Dörfer. Nach mehreren Besitzerwechseln erwarb im Jahre 1830 Johann Gottlob v. Quandt die

Rittergutsherrschaft. Er war Gründer und mehrere Jahre Vorsitzender des Sächsischen Kunstvereins. Der Kunstmäzen sammelte Bilder lebender Maler und etwa zweitausend Kupferstiche. Unter Quandt entwickelte sich Schloss Dittersbach zum Künstlertreff. Gäste waren hier der Bildhauer Ernst Rietschel, der spätromantische Maler Adrian Ludwig Richter, der Historienmaler Carl Gottlieb Peschel, der Experte für italienische Literatur Karl August Förster sowie der Architekt Gottfried Semper. Vom **Markt** laufen wir über die Brücke des Schullwitzbaches hinweg. Dieser 8,1 km lange Nebenfluss der Wesenitz hat seine Quelle am Kalkteich zwischen Reitzendorf und Schullwitz. Wir beachten

Dürrröhrsdorf-Dittersbach

Eschdorfer Str.

Wilschdorfer Str.

Lieblingstal

Dittersbacher Str.

○ **Start**

○ **Ziel**

Wünschendorfer Str.

Hauptstr.

Schlosspark

Elbersdorfer Str.

Schöne Höhe

Elbersdorf

Bergstr.

Porschendorf

**Vom Lieblingstal
zum Wesenitztal**

das Straßenschild **Zum Lieblingstal**. Dieses bewaldete Tal
ist unser erstes Ziel. Der Wanderweg durch diese historische
Kulturlandschaft ist mit dem
gelben Punkt gekennzeichnet.
Nach einigen Häusern ist auch
schon der Eingang zum Tal,
dem Lieblingstal des Gottlob
v. Quandt, erreicht. Gleich am
Anfang des schönen Wanderweges steht heute wieder die
1840 im neogotischen Stil
errichtete **Hubertuskapelle**.
Im Verlaufe der Zeit verfiel sie
immer mehr zu einer Ruine.
Der Initiative des Quandt-Ver-
eins zur Förderung der Künste
e.V. ist es zu verdanken, dass
sie 2006 wieder aufgebaut
werden konnte. Die Sandstein-
bank daneben soll zu einem
ersten stillen Innehalten in der
Landschaft anregen. Danach
kommen wir zum König-An-
ton-Denkmal und ein paar
Schritte weiter zur Verfassungssäule.

Ein Denkmal für König Anton
von Sachsen (Regierungszeit
1827-1836)?
In der Geschichtsschreibung
wird er eigentlich als der un-
bekannteste aller sächsischen
Monarchen bezeichnet. Sein
Nachfolger war sogar der Auf-
fassung: „Ihm fehlte jede Idee
vom Organismus der Behörden,
jede Bekanntschaft mit Rechts-
und Staatswissenschaften."
(Kroll: Die Herrscher Sachsens,
Seite 223.)
Dieser König ist jedoch deshalb
besonders erwähnenswert, weil
unter seiner Regentschaft im
Jahre 1831 die erste Sächsische
Verfassung proklamiert wurde.
Nach der **Verfassungssäule**
erreicht man rechts eine Lich-
tung. Bald danach wandern wir
auf einem Wiesenweg entlang.
An dessen Ende schwenken wir
links wieder in den Wald ein
(gelber Punkt). Der Weg führt
jetzt aufwärts. Dieser Weg teilt
sich nach wenigen Metern.

Höhenprofil Wanderung „Vom Lieblingstal zum Wesenitztal"

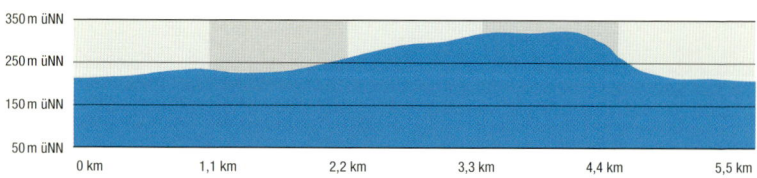

Schöne Höhe

Wir benutzen die linke Seite. Der breitere Teil ist für Reiter gedacht.

Es dauert nicht mehr lange und wir queren die Landstraße. Wir kommen zu einem hübschen Wanderwegweiser (Schöne Höhe/Aussichtspunkt/Gasthaus). Ab hier verläuft unsere Route links weiter. Vielleicht wollen wir aber erst eine Rast an dem kleinen See einlegen. Dort gibt es auch eine Schaukel, bestimmt eine willkommene Abwechslung für jüngere Kinder.

Ab und zu ist an dieser Stelle das Signal eines Elbdampfers zu hören. Pillnitz ist nicht weit. Unser nächstes Ziel ist also

Teufelskanzel an der Wesenitz

die **Schöne Höhe**. Bis dorthin kommt als Wegemarkierung nun auch noch das grüne Rechteck hinzu.

Die Schöne Höhe, das Belvedere von Schloss Dittersbach, ließ der Kunstmäzen und Goetheverehrer v. Quandt ab 1831 nach Plänen des Dresdner Architekten Joseph Thürmer bauen. Er wollte damit dem Dichter ein Denkmal setzen. Davon künden auch die Fresken im Untergeschoss, die der Dresdner Maler Carl Gottlieb Peschel nach Dichtungen Goethes schuf. Die Entwürfe für die Ornamente der Holzbalkendecke stammen von Gottfried Semper.

Von der Aussichtsplattform des Turms hat man einen weiten Blick in die Sächsische Schweiz, das Osterzgebirge sowie die Oberlausitz. (Turmbesichtigungen sind während der Öffnungszeiten der Gaststätte möglich. Kontakt für Führungen durch den Freskensaal unter Tel.: 035026 97528 oder fremdenverkehrsamt@duerr-roehrsdorf-dittersbach.de)

Unsere Route führt rechts von der Schönen Höhe durch den Buchenwald steil abwärts. Wir erreichen eine Asphaltstraße, laufen auf dieser ein paar Meter nach links und steigen dann rechts in das Wesenitztal zur Teufelskanzel hinunter.

Ein uriger Weg mit rustikalen Steinstufen ist zu bewältigen. Bei Nässe ist etwas Vorsicht geboten.

Schon beim Abstieg hören wir in der Ferne den Fluss rauschen. Unten biegen wir nach links ein.

Bestimmt werden wir über die Wesenitz staunen. Sie zeigt sich hier im Vergleich zum Liebethaler Grund (Wanderung 7) doch etwas anders. Wir erleben einen wilden Fluss. Die **Teufelskanzel** ist nicht zu übersehen. Von ihrem Rastplatz haben wir einen einzigartigen Blick in das Wesenitztal. Dieses romantische Bild müssen wir unbedingt in uns aufnehmen.

Unser nächstes Ziel ist der **Dittersbacher Schlosspark**. Dazu biegen wir bald bei der dann folgenden Weggabelung nach rechts ab und laufen jetzt unmittelbar am Ufer der Wesenitz entlang.

Durch ein Tor gelangen wir in den Park. Und sofort treffen wir wieder auf den Kunstmäzen v. Quandt, der selbstverständlich auch den weiträumigen Park nach seinen Vorstellungen gestalten ließ.

Eine lebensgroße „Wasserschöpfende Nymphe" begrüßt den Besucher. Später stehen wir vor Diana, Göttin der Jagd, aber auch Herrin der Hexen im Mittelalter sowie Beschützerin der Mädchen und Frauen.

Welches Flair muss der Park ausgestrahlt haben, als hier noch weitere Götterfiguren standen!

Zwischen den Bäumen hindurch kann man das Schloss erkennen, welches sich heute wieder in Privathand befindet. Nach der Familie v. Quandt wurde auch die Stadt Dresden sein Besitzer. Später nutzte es die Landwirtschaftliche Produktionsgenossenschaft (LPG) als Lehrlingswohnheim.

Rechts unseres Weges durch den Park steht eine **Metallbrücke**. Über diese laufen wir hinweg, biegen links ein und erreichen so bei der **Bushaltestelle Wendeplatz** wieder die Ortschaft. Zum Parkplatz müssten wir von dort nach links einbiegen.

Etwa zwei Kilometer vom Wendeplatz (nach rechts) entfernt befindet sich am Ortsende eine Station der **Städtebahn** Bad Schandau–Pirna. Auf dem Weg dorthin kommt man an der kleinen **Kirche** vorbei. Sie verfügt über eine Orgel (eingebaut 1726), ein einmanualiges Werk mit 14 Registern und 720 Pfeifen, aus der Werkstatt des berühmten Freiberger Meisters Gottfried Silbermann.

21

Vom Eichhörnchengrund zum Regenbachtal

Gauernitz – Eichhörnchengrund / Gauernitzbachtal – Röhrsdorf – Regenbachtal –
Constappel – Gauernitz

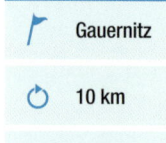

Gauernitz	
10 km	
136 m	

ERREICHBARKEIT
Mit dem Pkw bis zum Parkplatz bei der Bushaltestelle Gauernitz/Gasthof oder mit dem Bus (404) ab Meißen oder Cossebaude.

EINKEHRMÖGLICHKEITEN
Bäckerei und Konditorei Hartmann | Meißner Allee | 01665 Gauernitz
Tel.: 0351 4388969

Vom **Parkplatz** bzw. von der **Bushaltestelle** laufen wir ein paar Schritte in Richtung Meißen, und schon sieht man das **Schloss Gauernitz**.
Leider kann man noch immer nur einen Blick durch die Absperrung auf das interessante Bauwerk erhaschen. Der Grundstein für das Schloss wurde höchstwahrscheinlich am Ende des 15. Jahrhunderts gelegt. Das heutige feingliedrige Bauwerk der Neorenaissance entstand durch einen grundlegenden Umbau in den Jahren 1862 bis 1866. Auch im Inneren hat das Schloss verschiedene Kostbarkeiten (u. a. die Bibliothek mit Holztäfelung und geschnitzter Decke, die Stein- und Ballsaal mit

wertvollen Stuckdecken und toskanischen Säulen). In seinen besten Jahren war das Schloss auch von einem Park mit herrlichen Blumengärten, Wasserkünsten und Gewächshäusern umgeben.
In der Kurve queren wir die **Hauptstraße** und wandern parallel zum Gauernitzbach in den **Eichhörnchengrund** hinein. Sofort werden wir auf die Modell-Wassermühle (Schulze-Mühle), etwa 700 Meter bachaufwärts, hingewiesen. Dorthin wollen wir zunächst. Rechts unseres Weges kommen wir am ehemaligen Rittergut vorbei.
Schon der Anblick des Schlosses ließ vermuten, dass hier ein beachtlicher Besitz ange-

Coswig

BADESEE
KÖTITZ

ELBE

Start / Ziel

Gauernitz

Con-
stappel

Eichhörnchengrund

Langer Weg

Wildberger Allee

Hartha

Regenbachtal

Röhrsdorf

Harthaer Str.

Dresdner Str.

Eichberg

Zur Hopfendarre

Pinkowitzer Str.

Schlachberg

Hartheer Berg

**Vom Eichhörnchengrund
zum Regenbachtal**

häuft war. Außer den üblichen Ländereien, dem Wald sowie der Viehzucht kamen bald auch eine Brauerei, eine Ziegelei, Steinbrüche, mehrere Mühlen und die Kahnfähre nach Kötitz hinzu.

Dieses Rittergut gehörte über längere Zeit zum Besitz der Landadelsfamilie v. Miltitz. Im Jahre 1819 erwarb Fürst Otto Victor v. Schönburg-Waldenburg das Gut, und es blieb bis 1945 im Besitz dieser weitverzweigten Adelsfamilie.

Unsere Wanderung führt nun bis nach Constappel durch das Landschaftsschutzgebiet Linkselbische Täler, das sich zwischen Dresden und Meißen erstreckt.

Das Ufer des Gauernitzbaches wird an verschiedenen Stellen von Weiden gesäumt. Das romantische Landschaftsbild ist sicherlich ein Erinnerungsfoto wert.

Bald stehen wir vor der **Schulze-Mühle**, dem funktionstüchtigen Modell (Maßstab 1:5) einer Wassermühle. Sie ist ein technisches Meisterwerk. Der Gauernitzer Günther Schulze hat sie in fast 30-jähriger Bauzeit nach dem Original, der Klipphausener Lehmann-Mühle (siehe: Klaus Jahn/Radtouren an den Sächsischen Weinstraße), gebaut. Der Besucher kann im Mühlengebäude aufrecht stehen und erleben, wie Getreide zu Mehl

Schulze-Mühle im Eichhörnchengrund

Höhenprofil Wanderung „Vom Eichhörnchengrund zum Regenbachtal"

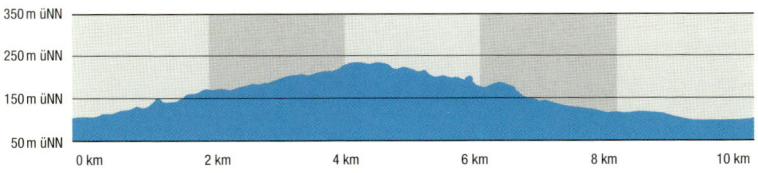

gemahlen wird. Und manchmal gibt es auch leckeren Kuchen. Eigentümer dieser Attraktion ist die Gemeinde Klipphausen. Anmeldung zur Besichtigung unter Tel.: 0351 4538116 oder schulzemuehle-eichhoernchen-grund@gmx.de
Nach der Mühle geht es weiter hinein in den Eichhörnchen-grund (auch Gauernitzbachtal genannt) in Richtung Röhrs-dorf.
Bald erwartet den Wanderer eine kleine Überraschung: Der Gauernitzbach muss überquert werden, jedoch nicht auf einer Brücke. Für uns wurden große Steine in das Flussbett gelegt. Spätestens an dieser Stelle werden wir daran erinnert, dass bei den Täler-Wanderungen festes Schuhwerk zu empfehlen ist. Das Gauernitzbachtal ist fast auf seiner gesamten Länge ein feuchtes Tal, aber ein recht anziehender Wanderweg. Wir erreichen dann an einer

Gabelung einen Wanderweg-weiser. Rechts geht es entlang des Schindergrabens hinauf in den Scharfenberger Ortsteil Pegenau. Unsere Route führt je-doch nach Röhrsdorf (2,9 km). Der Weg steigt stetig an. Später gelangen wir zu einer **Landstraße**. Von dort geht es nach rechts zum Schloss Schar-fenberg. Vermutlich liegt sein Ursprung in einer Burg weit vor dem Jahr 1227.
Wir biegen jedoch nach links ein. Etwa 1300 Meter benutzen wir jetzt die Landstraße. Auf der Höhe haben wir bei günstiger Witterung nach links einen weiten Blick auf die Hän-ge der Lößnitz bei Radebeul. Wir erkennen den Bismarck-turm und auch das Spitzhaus. Hinter uns ist die Kirche von Naustadt zu sehen und vor uns das Röhrsdorfer Gotteshaus. Nachdem wir ein paar Meter wieder abwärts gelaufen sind, stehen wir an einer Kreuzung.

Ländliche Idylle in Röhrsdorf

Links geht es, vorbei an der ehemaligen Pinkowitzmühle, auf der Landstraße hinunter nach Constappel. Auch wir werden heute noch nach Constappel kommen, aber unsere Route führt über den Ort Röhrsdorf und durch das Regenbachtal, also biegen wir rechts ein.

In **Röhrsdorf** weist uns der Wanderwegweiser (blauer Punkt) an der Straße **Am Regenbach** links nach Constappel. Wer zunächst zur Kirche möchte, läuft in den Ort hinein. Dort sind auch die großzügig angelegten Bauerngehöfte sicherlich sehenswert.

Der älteste schriftliche Hinweis auf eine Kirche in Röhrsdorf stammt aus dem Jahre 1498.

Die Saalkirche mit zweigeschossiger Empore, die wir heute sehen, wurde zwischen 1737 und 1739 gebaut. Besonders sehenswert sind der reich verzierte holzgeschnitzte barocke Kanzelaltar und ein holzgeschnitzter Taufengel (Jahreszahl 1738) mit muschelförmiger Taufschale. Die erste urkundliche Eintragung des Ortes datiert aus dem Jahre 1286. Das Dorf wurde in der Zeit der Rodungen als Waldhufensiedlung angelegt. Neusiedler erhielten damals entlang eines Weges einen Flurstreifen in der Größe einer Waldhufe (4 Maßseile breit und 90 Maßseile lang), den sie rodeten. Ein Spaziergang durch Röhrsdorf ist schon deshalb interessant,

Fachwerkhaus (erbaut 1839) im Regenbachtal

weil mehrere Gebäude in der Liste der Kulturdenkmale des Freistaates Sachsen eingetragen sind. Nach dem Abstecher wandern wir hinein in das liebliche **Regenbachtal.**
Am Röhrsdorfer Ortsende steht links ein Fachwerkhaus, über dessen Tür der Schlussstein die Jahreszahl 1839 zeigt. An dieser Stelle endet die asphaltierte Straße. Es beginnt ein rustikaler Wanderweg parallel zum Regenbach.
In der Talweitung kommen wir am Grundstück der ehemaligen Pinkowitzmühle vorbei. 1786 wurde sie als „Pinkwitzer Mühle" bezeichnet und verfügte über einen Mahlgang. Bis 1955 war sie Bäckerei und Gaststätte.

Unten in **Constappel** biegt man nach links ein (Schild Fähre 1,2 km), kommt zu einer Kreuzung und läuft über diese hinweg zu einer langen geraden Straße. Danach müssen wir die **Bundesstraße** queren und laufen auf dem **Fährweg** weiter. An dessen Ende halten wir uns links und spazieren parallel zur Elbe flussabwärts wieder nach **Gauernitz.** Dort ist unser Parkplatz nicht zu übersehen.
Für Wanderer, die mit dem Bus zum Ausgangspunkt der Tour gekommen sind, gibt es folgende Varianten: ab Constappel wieder den Bus zu benutzen oder mit der Fähre nach Kötitz überzusetzen und ab Bahnhof Coswig (ca.1,2 km) den Bus oder den Zug zu nutzen.

22

Vom Lotzebachtal zum Amselgrund

Cossebaude – Lotzebachtal – Rennersdorf – Oberes Staubecken – Oberwartha – Amselgrund – Bahnparallelweg – Cossebaude

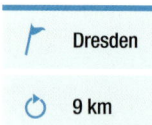

Dresden	**ERREICHBARKEIT**	Mit der Eisenbahn (RB 31) bis Cossebaude; mit dem Pkw bis zum Parkplatz beim Bahnhof Cossebaude
9 km	**EINKEHRMÖGLICHKEITEN**	Keine Einkehrmöglichkeiten, es gibt aber einen Rastplatz.
148 m		

Wir sind in Cossebaude, einem der ältesten Orte im oberen Elbtal, angekommen. Bischof Benno von Meißen soll hier bereits im 11. Jahrhundert einen Weinberg angelegt haben. Bis in die zweite Hälfte des 19. Jahrhunderts hinein war Cossebaude ein Bauerndorf, in dem auch Obst- und Weinanbau betrieben wurden. Mit dem Bau der Eisenbahnstrecke Dresden–Berlin (1875) begann die Industrialisierung.

Den Bahnhof verlassen wir nach links. Wir laufen über die **Brücke** der Eisenbahnstrecke hinweg, erreichen die **Talstraße** und sind damit auch schon im **Lotzebachtal** angekommen. Durch dieses Tal mit seinen hübschen kleinen Häusern wandern wir bis zu dessen Ende. Unterwegs werden wir auf Tafeln immer wieder auf Besonderheiten aufmerksam gemacht.

Gleich zu Beginn der Tour kommen wir auf der Talstraße 5a am Heimathaus vorbei. Das historische Anwesen bestand ehemals aus einem Bauernhaus mit dem damals üblichen Seitengebäude. Das heutige Haus (Baujahr 1811) wird vom Heimat- und Verschönerungsverein Cossebaude e.V. genutzt. Dieser Verein hat eine lange Tradition. Er wurde 1883 gegründet und ließ neue Wege für uns Wanderer anlegen. Dazu gehört auch der Aussichtspunkt auf der Herrenkuppe mit seinem fantastischen Blick in die Elblandschaft (vgl. Klaus Jahn/Wanderbuch Sächsisches

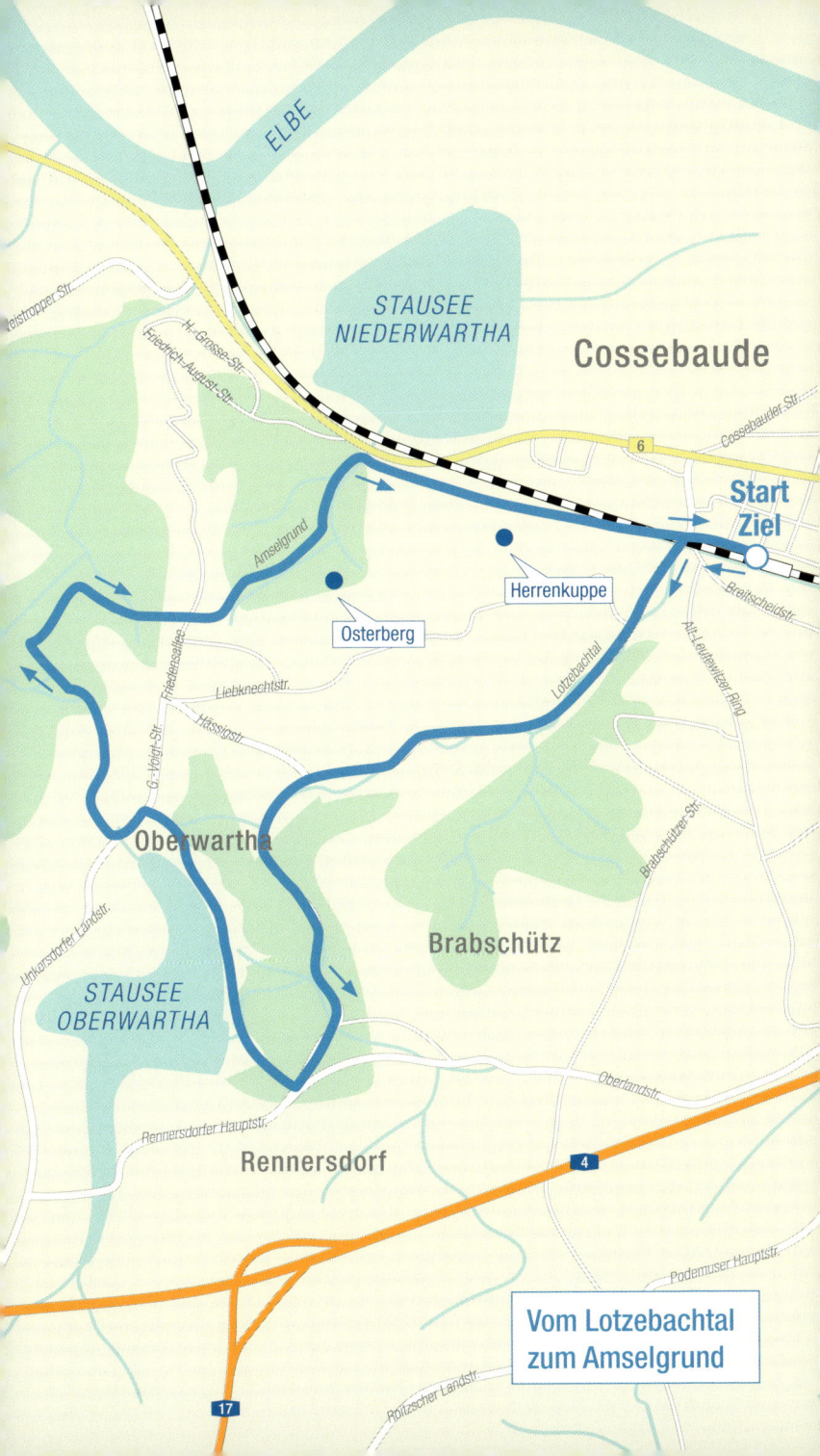

Vom Lotzebachtal zum Amselgrund

Höhenprofil Wanderung „Vom Lotzebachtal zum Amselgrund"

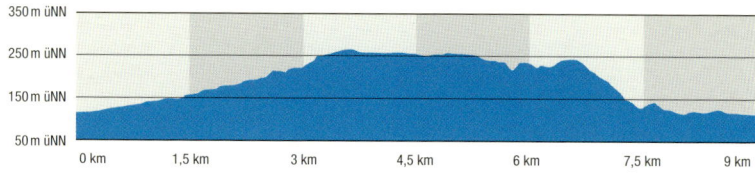

Weinland). Ein paar Schritte weiter (Talstraße 7) steht die Kirche, ein etwas versteckter und auch ungewöhnlicher Bau. Sie ist aus einer mittelalterlichen Kapelle (vermutlich 1498) hervorgegangen.

Der Lotzebach fließt einmal rechts und bald auch einmal links unseres Weges. Ein uriges, sich oft durch die Landschaft windendes Flüsschen.

Im Frühjahr leuchten im Tal üppig blühende polsterbildende Sperrkrautgewächse an vielen Grundstücksmauern. Das ist ein entzückender Anblick.

Am Molchwinkel, eine Bezeichnung aus dem 18. Jahrhundert, verengt sich das Lotzebachtal. Hier befand sich früher eine Waschstelle. Wäsche durfte dort und nur an bestimmten Tagen gewaschen werden.

Auf der rechten Straßenseite passieren wir die Weinbaubetriebe Fehrmann und Kiehle. Vielleicht sind deren Besen-

wirtschaften während unserer Wanderung geöffnet.

Rechts biegt dann die Hässige Straße nach Oberwartha ab. Wir halten uns aber an die **Richtung Brabschütz/Rennersdorf.**

Etwa 50 Meter nach diesem Abzweig endet der Fußweg. Das ist für den Wanderer jedoch kein Problem. Auf der wenig befahrenen und zudem schattigen Landstraße kommt man bequem nach Rennersdorf hinauf. Außerdem streifen wir auf dieser Strecke drei bemerkenswerte Anwesen.

Zuerst erreichen wir die **Waldmühle**. Die frühere Getreide- und Schneidemühle stammt aus der Zeit um 1600. Ab 1870 gab es dazu auch eine Gastwirtschaft, bevor das Grundstück 30 Jahre später von einem Fabrikanten (Thekenbau) genutzt wurde.

Nicht weit entfernt stand die bekanntere **Lochmühle**. Sie

wurde schon um 1400 erwähnt und gehörte als Kloster- und Lehensmühle zum Brauschänkgut Oberwartha. Das jetzt restaurierte Gebäude stammt von 1809. Der Mühlenbetrieb wurde nach 1917 eingestellt. Es entstand ein beliebtes Ausflugslokal. Von 1965 bis 1990 war die Lochmühle ein Ferienheim. Nun ist sie wieder in Privatbesitz.

Bald wandern wir am **Eisteich** vorbei. Dieser wurde 1929 von einem Fleischermeister zur Kühlung seiner Produkte angelegt. Jetzt tummeln sich darin Forellen.

Auf der Höhe erreichen wir die **Kreuzung Brabschütz/Rennersdorf**. Brabschütz ist nicht unser Ziel. Auf der eingangs von Ren-

nersdorf stehenden Wandertafel ist unser Standort mit einem roten Punkt markiert.

Gleich nach dieser Tafel zweigt rechts der **Stauseeweg** ab. Dorthin biegen wir ein. An dessen Ende geht es erst nach links und dann bald nach rechts auf dem **Silbertalweg** weiter. Bis zum Waldrand orientieren wir uns nun am grünen Punkt.

Vom Silbertalweg hat man einen schönen Blick hinüber nach Radebeul zum Wasserturm und zur Friedensburg.

Unsere Route führt sodann am **Oberen Staubecken** des Pumpspeicherwerkes Niederwartha entlang. Das 1929 in Betrieb genommene Kraftwerk wird jetzt stillgelegt. Ein solches Kraftwerk arbeitet nach

Anlage des Pumpspeicherkraftwerkes

folgendem Prinzip: Mit dem billigeren Nachtstrom wird das Wasser bergauf gepumpt, und wenn die Nachfrage besonders groß ist (mittags oder im Winter abends) rauscht das Wasser bergabwärts und treibt die stromerzeugenden Turbinen an. Der Höhenunterschied zwischen Ober- und Unterbecken beträgt beim Kraftwerk Niederwartha 143 Meter. Oben können bis zu 2,9 Millionen Kubikmeter Wasser aufgestaut werden. Das untere Becken hat ein Fassungsvermögen von 2,5 Millionen Kubikmeter. Die Becken sind durch drei Druckrohrleitungen miteinander verbunden.

Nach dem Staubecken ist **Oberwartha** erreicht. Dort wandern wir **Zur Schäferei** hinunter und biegen danach links in die **Rudolf-Förster-Straße** ein. Wir kommen zum **Fritz-Arndt-Platz**, dessen Mittelpunkt die etwa 400 Jahre alte Dorflinde ist. Dieser Platz ist nach dem ehemaligen Besitzer des Klostergutes benannt. Er hatte sich für eine moderne Dorfgestaltung und auch für die Anlage von Wanderwegen eingesetzt. Wir biegen dann auf der Landstraße nach links ein und verlassen diese bereits nach

wenigen Schritten nach rechts. Dort queren wir sogleich die gewaltigen Rohre des Pumpspeicherwerkes. Nach der offenen Landschaft geht es nach links zum **Wald** hin. Dort befinden sich bei einem Rastplatz verschiedene Wegweiser. Eigentlich sollte ab hier die weitere Wanderung nach links durch den Tännichtgrund hinunter nach Niederwartha gehen. Leider wurde jedoch ein größerer Abschnitt des Grundes vor Jahren durch Witterungseinflüsse zerstört. Bei der Recherche war der Durchgang noch nicht wieder freigegeben. Unsere Wanderung führt deshalb jetzt auf dem **Poetenweg** (gelber Punkt) über den Amselgrund hinunter ins Tal. Auf dem Wanderschild werden für diese Strecke sechs Kilometer ausgewiesen. Das stimmt jedoch nicht. Er ist wesentlich kürzer.

Nach dem kleinen Teich – vielleicht ist dort die Entenmutter mit ihrem Nachwuchs zu sehen – biegen wir bald links zur Gertrudenquelle und zum Fritz-Arndt-Stein ein.

Nach einiger Zeit unterqueren wir die Rohrleitungen. An dieser Stelle werden wir darauf aufmerksam gemacht, dass wir uns auf einem Privatweg befinden. Wir erreichen die **Fahrstraße (Friedensstraße)** und queren diese zum **Amselgrund** hin. Durch diesen geht es jetzt, teilweise recht steil, inmitten eines alten Buchenbestandes, hinunter ins Tal. Unten ist kurz vor der Fahrstraße (Bundesstraße 6) links auf einem Schild „Cossebauder Park" zu lesen. Dort beginnt der **Bahnparallelweg** nach Cossebaude. In Cossebaude ist der Weg zum Bahnhof bzw. zum Parkplatz nicht zu verfehlen.

LOTZEBACHTAL

Das Lotzebachtal erstreckt sich auf einer Länge von 2,5 km von Cossebaude bis nach Rennersdorf.

Der kleine Lotzebach entspringt in der Nähe von Podemus in einer Geländemulde. Nach 6,5 km mündet er bei Niederwartha in die Elbe. Er hat elf Zuflüsse. In Oberwartha hat der Bach eine Quelle: die Gertrud-Quelle. Deren Wasser fließt über den Fünf-Brüder-Bach in den Tännichtgrundbach. Diese Quelle wurde nach der Ehefrau des Oberwarthaer Klostergutsbesitzers Fritz Arndt benannt.

Im Tal gab es einst zwei Mühlen: die Waldmühle und die Lochmühle. Außerdem standen dort mehrere Ausflugsgaststätten. Nach dem Niedergang des Weinanbaus um 1890 wurden auf den Weinbergterrassen Obstbäume gepflanzt. Die Baumblüte lockte viele Ausflügler aus Dresden an. Noch heute ist eine Wanderung im Frühjahr ein schönes Naturerlebnis.

Den Bachlauf säumen Schwarzerlen sowie verschiedene Weidenarten. Durch deren Wurzeln wird das Ufer befestigt. Der Schatten der Bäume verhindert ein stärkeres Aufwärmen des Wassers, und somit bleibt dessen Sauerstoffgehalt erhalten, eine Voraussetzung für die Existenz von Kleinstlebewesen als Nahrung für Fische.

23

Vom Saubachtal zum Prinzbachtal

Constappel / Langer Weg – Harthaer Berg – Saubachtal – Neudeckmühle – Kleinschönberg –
Prinzbachtal – Constappel

Constappel	**ERREICHBARKEIT**
	Mit dem Pkw bis zum Parkplatz beim Fährweg Constappel oder mit
	dem Bus 404 bis Gauernitz / Verkaufsstelle.
10 km	**EINKEHRMÖGLICHKEITEN**
	Bäckerei und Konditorei Hartmann ǀ Meißner Allee ǀ 01665 Gauernitz
	Tel.: 0351 4388969
141 m	Neudeckmühle ǀ Neudeckmühlenweg 13 ǀ 01665 Klipphausen
	Tel.: 035204 48466 ǀ gaststaette-neudeckmuehle@gmx.de

Gegenüber der Bäckerei Hartmann befindet sich an der Hauswand der Wegweiser „Neudeckmühle/Saubachtal". Daran orientieren wir uns. Wir laufen also zunächst auf der Straße **Langer Weg** durch Constappel.

Die älteste Schreibweise des Ortes „Kuntopel" stammt aus dem Jahre 1334 und kann mit dem altsorbischen Wort „kuntopla" (Pferdeschwemme oder -tränke) in Verbindung gebracht werden.

Die Herren von Constappel waren seit 1396 die v. Ziegler auf Gauernitz und das hiesige Gut ein Vorwerk.

Nach etwa 600 Metern queren wir die Straße zum **Harthaer Berg** hin. Auf dieser kommen

wir am **Friedhof** vorbei. Es ist sicherlich etwas ungewöhnlich, den Friedhof nicht bei der Kirche zu finden. Er wurde an dieser Stelle angelegt, um im Mittelalter die Pesttoten außerhalb des Ortes begraben zu können.

Nach dem Friedhof halten wir uns links und laufen weiter auf der Straße Harthaer Berg. Rechts würden wir in das Regenbachtal kommen (vgl. Wanderung 21). Wenige Meter nach den landwirtschaftlichen Gebäuden zweigt links unser Wanderweg (grüner Balken) durch das Saubachtal zur Neudeckmühle ab. Jetzt wandern wir über eine offene **Wiesenflur**. Vielleicht hören wir auch schon das Wasser des Flusses plät-

**Vom Saubachtal
zum Prinzbachtal**

schern. Nach der Brücke verläuft unsere Route **parallel zur Wilden Sau**. An einem Baum ist wieder der „grüne Balken" zu sehen.

Der Fluss entspringt bei Herzogswalde (bei Wilsdruff) auf einer Höhe von 374 m ü. NN und mündet nach 22,7 Kilometern bei Gauernitz in die Elbe. In früheren Zeiten standen an der Wilden Sau 13 Wassermühlen. Der Name des Gewässers ist höchstwahrscheinlich darauf zurückzuführen, dass es sich bei heftigen Regenfällen in einen reißenden Fluss (in eine „wilde Sau") verwandeln kann.

Nach der offenen Wiesenflur ändert sich das Landschaftsbild. Immer wieder ist eine kleine Steigung zu bewältigen. Es geht auch über „Stock und Stein". Nie verlässt uns die Wilde Sau.

Am Waldesrand sehen wir dann einen Gedenkstein. Die Kleinschönberger Bauernfamilie Maune ließ diesen für ihren im Ersten Weltkrieg gefallenen Sohn aufstellen.

Ein zweites Mal queren wir auf einer Brücke den Fluss und erreichen eine kleine Anhöhe. Dort gabelt sich der Weg. Rechts geht es nach Röhrsdorf (zum Regenbachtal), wir laufen jedoch nach links zur reizvoll gelegenen **Neudeckmühle** (ca. 350 m). Sie ist heute „nur noch" (immer noch) ein beliebtes Ziel für Wanderer und Ausflügler.

Diese Mühle wurde erstmals im Jahre 1571 urkundlich erwähnt. Damals gehörte sie dem Herren von Klipphausen Friedrich von Berbisdorf. In den folgenden Jahrhunderten wechselten wiederholt die Besitzer. Die Gebäude, die wir heute sehen, wurden 1794, 1814 und 1872 gebaut.

Bis 1961 wurde in der Neudeckmühle Mehl gemahlen und eine Bäckerei betrieben. Das

Höhenprofil Wanderung „Vom Saubachtal zum Prinzbachtal"

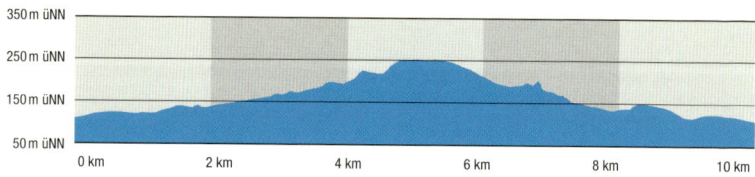

Pfarrhaus Constappel

Schroten von Futtergetreide erfolgte noch bis 1978. Danach baute man die gesamte Mühleneinrichtung ab. Selbstverständlich betrieben die Müller viele Jahre auch eine Schankwirtschaft.

Für den **Rückweg** nach Constappel bieten sich zwei Varianten an:

1) der Weg **über Röhrsdorf** und durch das **Regenbachtal.** Dazu müssten wir zu dem uns bereits bekannten Abzweig zurücklaufen.

Nach einem wiederholten Auf und Ab erreicht man nach kurzer Zeit den Höhenweg (Kirchweg) nach Röhrsdorf.

Dort liegt gleich am Anfang ein Rastplatz. Die Entfernung vom Abzweig bis zum Ort beträgt ca. 1,8 km. In Röhrsdorf steuert man die Kirche an, passiert links im Kirchhof das Tor, geht ein paar Schritte abwärts und dann den schmalen Weg hoch zur Straße Am Regenbach. Von dort wird analog der Tour 21 gewandert.

Die Entfernung von Röhrsdorf bis zu unserem Ausgangspunkt beträgt etwa vier Kilometer.

2) Der Weg **über Kleinschönberg** und durch das **Prinzbachtal:.** Dazu verlassen wir die Neudeckmühle sozusagen über den

153

Hinterausgang. Wir wandern nach **Kleinschönberg**. Dabei haben wir vom Höhenweg einen großartigen Blick in das Elbtal. Der Weg durch das schmucke Straßenangerdorf führt steil abwärts. Am Ende der Siedlung biegen wir links in das **Prinzbachtal** ein. Wir wandern nun ca. 2,5 km auf einer wenig befahrenen Verbindungsstraße durch das herrliche kühle Tal nach **Constappel** hinunter. Rechts kommen wir an der leider verfallenen Schiebockmühle vorbei. Ihr ursprünglicher Name war Prinzmühle. Sie erhielt jedoch vom Volksmund die Bezeichnung „Schiebockmühle", weil die Bauern ihr Getreide auf dem schmalen Pfad meist mit einem Schubkarren (Schiebock) anlieferten. Am Ende der Straße steht die **Kirche**.

Vermutlich gab es hier bereits im 11. Jahrhundert eine dem heiligen Nikolaus geweihte Wallfahrtskirche. Ihm wurden besonders Kapellen oder Kirchen an Handelsstraßen geweiht. Er galt als Schutzheiliger der Kaufleute und Wanderer. Das ehemals in romanischer Bauart errichtete Gotteshaus wurde in den Jahren 1882 bis 1885 im Auftrag des Prinzen Karl Ernst von Schönburg-Waldenburg unter der Leitung der Dresdner Architekten Möckel und Schreiber völlig umgebaut. Zur sehenswerten Inneneinrichtung gehören ein Altarbild aus der Schule Lucas Cranach d. J. (1515-1586), zwei Altarflügel vom Anfang des 16. Jahrhunderts sowie lebensgroße Bildnisse Melanchthons und Luthers (wahrscheinlich Kopien nach Lucas Cranach d. Ä. – er lebte von 1472-1553). Zudem sind im Inneren der Kirche viele biblische Bezüge zu erkennen: Bibelverse über den Türbögen und als umlaufende Schrift im Kirchenschiff; biblische Symbole an der Holzdecke.

An den Außenwänden der Kirche befinden sich verschiedene sehenswerte Grabdenkmäler. Auch das ehemalige Pfarrgut gehört zu den Kulturdenkmalen des Freistaates Sachsen.

Von der Kirche laufen wir auf der **Hohlen Gasse** zur Ortsmitte, biegen auf die uns schon bekannte Straße **Langer Weg** ein und erreichen so unseren Ausgangspunkt wieder.

HINWEIS
Der Ausgangspunkt der Wanderung ist auch problemlos über Coswig (Zug, Bus 400, Fähre) zu erreichen.

Im Prinzbachtal

LINKSELBISCHE TÄLER

Die linkselbischen Hänge zwischen Dresden und Meißen sind ein Landschaftsschutzgebiet. Es hat eine Größe von 2355 Hektar, davon sind 1265 landwirtschaftliche Nutzfläche, 619 Wald und 471 Siedlungsgebiet.

In diesem Territorium nehmen in der Nähe der Bundesstraße 6 zahlreiche wildromantische Täler, teilweise tief eingeschnitten an naturnahen Bachläufen, ihren Anfang. Dazu gehören der Zschonergrund, das Lotzebachtal, der Tännichtgrund, der Kleditzschgrund, der Amselgrund, das Prinzbachtal, das Saubachtal, das Regenbachtal, der Eichhörnchengrund, der Erlichtgrund und das Rehbocktal. Eine herrliche Wanderregion.

Das Landschaftsschutzgebiet verfügt über einen artenreichen Laubmischwald (Eiche, Buche, Hainbuche, Ahorn, Esche, Erlen). Nur selten ist die Fichte anzutreffen. Auch Wiesen, Streuobstwiesen und Weiden gehören zu dieser interessanten Landschaft.

Obwohl es sich zu jeder Jahreszeit lohnt, durch die linkselbischen Täler und auf den Höhen zu wandern, ist die Zeit der Frühlingsblüher (u.a. Buschwindröschen, Lungenkraut, Weißwurz, Scharbockskraut, Schneeglöckchen) und der Obstbaumblüte besonders lohnenswert.

Verschiedene Arten von Lurchen und Kriechtieren treffen wir hier an. Bei entsprechender Geduld kann man auch Eichhörnchen, Marder, Dachs, Wildschwein, Reh, Fuchs, Fasan und Rebhuhn beobachten. Und zudem gibt es eine artenreiche Vogelwelt sowie unzählige Insektenarten.

Auch im Meißnischen trifft man nahe der Bundesstraße schützenswerte Landschaften an: den Schlosspark Siebeneichen, einen der ältesten Landschaftsparks in Sachsen; das Jahnabachtal bei Keilbusch sowie das Ketzerbachtal bei Zehren.

24

Vom Rehbocktal durch die Wolfsschlucht zum Elbtal

Rehbockschänke – Rehbocktal – Batzdorf – Totenhäuschen – Wolfsschlucht – Reppina – Rehbockschänke

		ERREICHBARKEIT
⌐	Rehbocktal	Mit dem Pkw bis zum Parkplatz Rehbocktal.
↻	9 km	**EINKEHRMÖGLICHKEITEN** Gasthaus „Rehbockschänke" | Rehbocktal 5 | 01665 Klipphausen | Te.: 03521 452694
▲▲	117 m	

Unsere erste Etappe führt durch das **Rehbocktal** hinauf zum Schloss Batzdorf. Dazu laufen wir auf der Asphaltstraße hinein in das Gelände des Campingplatzes. Die Straße mündet bereits nach wenigen Metern in einen schattigen Wanderweg entlang des Riemsdorfer Wassers.

Für den Namen „Rehbockschänke" gibt es mehrere Erklärungen, die aber nicht eindeutig bewiesen werden können. Eine Deutung bezieht sich auf einen „Buchenwald mit Rehen", eine andere nennt das französische Wort „repos" (Ruhe); der Volksmund habe daraus dann „Rehbock" gemacht.

Im Landschaftsschutzgebiet Linkselbische Täler liegt unweit unserer Route der Ort Riemsdorf. Dort nimmt das Riemsdorfer Wasser seinen Anfang, durchfließt den Reichenbacher Teich sowie das Rehbocktal und mündet schließlich in die Elbe.

Das zunächst noch flache anheimelnde Rehbocktal steigt dann doch erheblich an und verengt sich zu einer Schlucht. Sicherlich wird das Wasser des Bächleins friedlich dahinplätschern, aber es nicht nur einmal gewalttätig geworden.

Oben sind wir in **Batzdorf** eingetroffen.

Die kleine Siedlung ist schon seit dem Jahre 1270 urkundlich bekannt. Damals wurde sie „Batensdorph" genannt.

Der wuchtige Bau des Schlosses

Meißen

Rehbock-
schänke

**Start
Ziel**

Rehbocktal

Schloss
Batzdorf

Rehbocktal

Batzdorf

Totenhäuschen

Dresdner Str.

Elbleitenweg

6

ELBE

Kuhberg

Wolfsschlucht

Schachberg

Steigerhaus
Reppina

Reichchenbacher Str.

Scharfenberger Str.

Kirchweg

Am Rittergut

Silberstr.

**Vom Rehbocktal durch die
Wolfsschlucht zum Elbtal**

Rehbockschänke

deutet auf ein hohes Alter hin. Er vermittelt eher den Eindruck einer romantischen mittelalterlichen Burg, obwohl es sich um ein Schloss handelt.

Mit seinem Bau wurde am Ende des 15. Jahrhunderts begonnen. Seine Mauern verraten Gotik, Renaissance und Barock, vor allem aber eine rege Bautätigkeit verschiedener Generationen.

Die markantesten Bauteile des Schlosses sind das Herrenhaus und der Saalbau. Beide verfügen über vorgelagerte Wendeltreppen. In das Obergeschoss des Saalbaus wurde im 17. Jahrhundert ein Rittersaal mit einer Holzbalkendecke eingefügt.

Sehenswert ist auch die kleine rechteckige Kapelle mit ihrem barocken Portal aus dem Jahre 1676.

Das Schloss gehörte bis 1945 der Landadelsfamilie v. Miltitz und heute einem Verein. Es finden jährlich zahlreiche Veranstaltungen statt (www. batzdorfer-schloss.de). Besichtigungen sind jeweils zum „Tag des offenen Denkmals" im September möglich.

Zum Schlossensemble gehört auch das am oberen Elbtalrand stehende **Batzdorfer Totenhäuschen**. Dort wollen wir jetzt hin. Der Weg beginnt gegenüber vom Schloss entlang der Obstplantage. Dieser Weg macht später eine leichte Linkskurve,

Am Schloss Batzdorf

bevor er dann rechts zum Totenhäuschen abzweigt.

Es handelt sich dabei um ein von Linden umgebenes herrschaftliches Weinberghaus. Bereits 1628 wurde hier hoch oben über dem Elbtal ein kleines Haus errichtet, aber schwedische Krieger brannten es im Dreißigjährigen Krieg nieder. An seiner Stelle entstand noch der zweigeschossige Pavillon mit einem Walmdach sowie einem innen liegenden Wendelstein. Die von Miltitz' empfingen darin Gäste, so den Dichter der Frühromantik Novalis (eigentlich: Freiherr Friedrich von Hardenberg).

Verschiedene Sagen um einen Totenkopf ließen das kleine Haus zu einem geheimnisvollen Ort werden, obwohl sich die Handlung mehr auf das Schloss

Höhenprofil Wanderung „Vom Rehbocktal durch die Wolfsschlucht zum Elbtal"

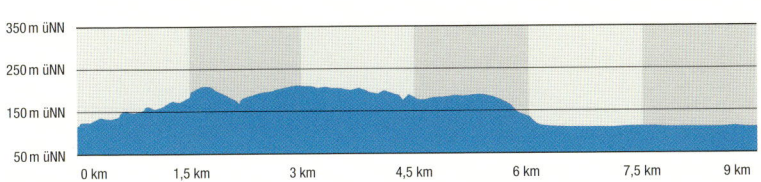

bezieht. Nach der Überlieferung soll ein Ochsenjunge beschuldigt worden sein, in der Schlossküche einen Silberlöffel gestohlen zu haben. Nach seiner Hinrichtung fand man diesen Löffel jedoch im Nest einer Elster wieder. Der Totenschädel des Jungen soll immer wieder in das Schloss zurückgekehrt sein. Da dieses Ereignis aber auch mit dem Weinberghaus in Verbindung gebracht wurde, erhielt dieses im Volksmund die Bezeichnung Batzdorfer Totenhäuschen.

Von der Hangseite des Häuschens haben wir einen schönen Blick auf das Spaargebirge. Dort drüben steht auch ein Weinberghäuschen, wie sie im Elbtal mancherorts anzutreffen sind. Es ist das „Schwalbennest", das Schlösschen der jeweilig amtierenden Sächsischen Weinkönigin.

Wir wandern jetzt auf dem **Elbleitenweg** (Markierung grünes Rechteck), neuerdings auch Burgenweg genannt, nach Scharfenberg. Dieser verläuft ca. 2,5 km auf dem Hochplateau entlang, bevor er dann bei der Teufelsschlucht nach rechts einbiegt.

Achtung: Niemals nach links den Hang hinunter abbiegen!

Wegen des dichten Buschwerks haben wir ab und zu nur wenig Sicht in das rechtselbische Gebiet. Nach dem Rechtsschwenk bei der Teufelsschlucht geht es dann links hinunter durch die **Wolfsschlucht**. Einem Wolf werden wir aber in dieser steilen und engen, düsteren Felsenschlucht nicht begegnen.

Im Tal erreichen wir die **Landstraße**. Nach rechts würden wir zum Schloss Scharfenberg (ca. 1 km) kommen. Ohne einen vorherigen Kontakt ist ein Abstecher nicht zu empfehlen. (Kontaktdaten siehe Kasten) Wir biegen also im Scharfenberger Ortsteil Reppina auf dem **Schachtberg** nach links ein und queren die stark befahrene Bundesstraße zur Elbe hin. Dort wandern wir flussabwärts im Tal zur Rehbockschänke zurück. Der Weg ist auch im Sommer recht angenehm, weil der Elbhang Schatten spendet. Anfangs fällt der Blick rechtselbisch auf die Boselspitze, später auf die „Weinbergslage Kapitelberg".

HINWEIS

An der Bundesstraße befindet sich die Haltestelle zum Bus 404. Der Fußweg bis zum Bahnhof Meißen beträgt etwa sechs Kilometer.

SCHARFENBERG

Scharfenberg ist ein traditionsreicher Ort. Bei der Wanderung konnten wir schon einen kleinen Blick auf das Schloss Scharfenberg erhaschen. Es steht oberhalb eines steilen Felsens auf einer Bergkuppe. In der ersten Hälfte des 13. Jahrhunderts wird urkundlich ein „Castellum Scharphenberch" festgehalten. Höchstwahrscheinlich gab es jedoch bereits zu Zeiten Heinrichs I. (um 929) eine Wehranlage.

Die jetzige Form der Schlossanlage entstand von der zweiten Hälfte des 14. Jahrhunderts an bis etwa 1560. Der Zugang zum Schloss ist durch zwei Verteidigungstürme (Baujahr 1635) geschützt. Über eine zweibogige Sandsteinbrücke betritt der Besucher die Anlage. Zum trapezförmigen Schlosshof kommt man durch den Südwestflügel, dessen Durchgang ein spätgotisches Sterngewölbe aus der Zeit um 1500 besitzt.

Das Schloss befindet sich in Privatbesitz. Kontakt für Besichtigungen:
Tel.: 03521 401593 oder
info@schloss-scharfenberg.de

Auf Landkarten liest man bei dem Ort Scharfenberg auch Bezeichnungen wie „Bergwerk", „Gruben" und „ehemalige Silberwäsche". Das sind alles Erinnerungen an den Bergbau, der hier Anfang des 13. Jahrhunderts begann und bis 1899 betrieben wurde.

Die Bergmänner waren auch in unserer Gegend arme Leute. Am Ende des 16. Jahrhunderts erhielt ein Steiger 30 Groschen, ein Hauer 22 Groschen und ein Bergjunge gar nur 13 Groschen Wochenlohn.

Das Scharfenberger Bergbaurevier unterlag am Ende des 19. Jahrhunderts schließlich der harten Konkurrenz. Aber noch einmal gab es einen Hoffnungsschimmer für die Bewohner. Im Jahre 1881 entdeckte man einen Eisensäuerling und eröffnete 1883 ein Mineralbad. Allerdings ergaben im Jahr 1930 Untersuchungen, dass der Eisen- und Mangangehalt der Quelle ständig zurückging. Der Betrieb lohnte sich deshalb nicht mehr.

25

Durch das Muldental bei Grimma

Grimma – Pöppelmannbrücke – Jutta-Park – Höfgen – Nimbschen – Grimma

Grimma	
10,5 km	
36 m	

ERREICHBARKEIT
Mit der Bahn bis Grimma (oB) oder mit dem Pkw bis zum Parkplatz am Bahnhof. Wanderer aus Richtung Dresden haben in Leipzig unmittelbar Anschluss nach Grimma (Fahrzeit 32 Minuten).

EINKEHRMÖGLICHKEITEN
Ratskeller Grimma | Markt 27 | 04668 Grimma | Tel.: 03437 942494
www.ratskellergrimma.de
Hotel „Zur Schiffsmühle" | Zur Schiffsmühle 2 | 04668 Grimma | Tel.: 03437 76020
www.schiffsmuehle.de
Klosterschänke Nimbschen | Nimbschener Landstraße 1 | 04668 Grimma
Tel.: 03437 9950 | www.kloster-nimbschen.de

Vom **Bahnhof** wandern wir zur **Mulde**. Dazu laufen wir über den Bahnhofsvorplatz, queren die **Bahnhofstraße** an der Ampel und spazieren die **Karl-Marx-Straße** (rechts) hinunter. An deren Ende queren wir die **Colditzer Straße**, steigen die Stufen zum **Schwanenteichpark** hinab und laufen noch ein paar Schritte geradeaus, bevor wir links zum Denkmal für die Opfer von Faschismus und Krieg sowie zu einer Postdistanzsäule kommen.

Linker Hand kommen wir zur **Leipziger Straße**. Auf dieser laufen wir bis zum **Leipziger Platz** vor, biegen von diesem nach links auf die Lange Straße ein und erreichen an deren

Ende den **Markt**. Wir laufen an der linken Seite des **Rathauses** entlang, biegen links in die **Brückenstraße** ein und danach rechts zur **Schlossgasse** hin. Wir erreichen so die **Klosterstraße**. Das Schloss Grimma (links) ist dann nicht zu übersehen. Dessen Ursprung geht auf eine um 1200 errichtete Wasserburganlage zurück. Immer wieder residierten hier sächsische Markgrafen und Kurfürsten. Während der Regierungszeit Friedrichs II. (1428-1464) wurde Albrecht der Beherzte, Herzog zu Sachsen und Markgraf von Meißen, hier geboren.

Heute befindet sich im Schloss das Amtsgericht. Unweit des

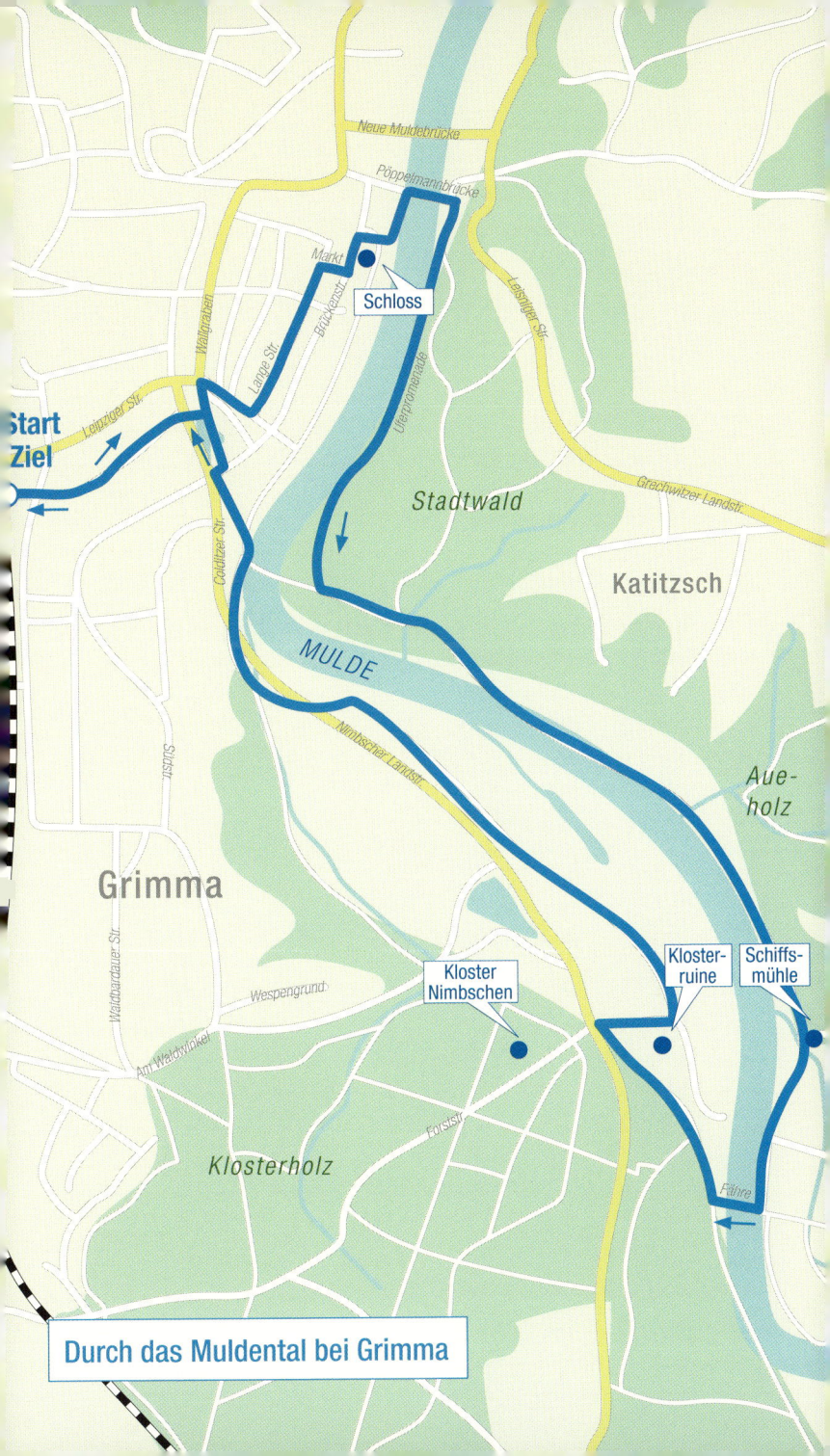

Start
Ziel

Schloss

Markt

Neue Muldebrücke

Pöppelmannbrücke

Leisniger Str.

Uferpromenade

Grechwitzer Landstr.

Stadtwald

Katitzsch

MULDE

Nimtscher Landstr.

Aue-
holz

Grimma

Klosterruine

Schiffs-
mühle

Kloster
Nimbschen

Wespengrund

Am Waldwinkel

Forstr.

Klosterholz

Fähre

Leipziger Str.

Waldgraben

Lange Str.

Brückenstr.

Colditzer Str.

Stadtstr.

Waldbardauer Str.

Durch das Muldental bei Grimma

Höhenprofil Wanderung „Durch das Muldental bei Grimma"

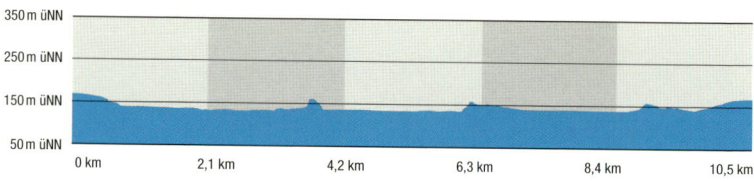

Schlosses laufen wir über die **Pöppelmannbrücke** mit ihrer hübschen Wappenplastik hinweg und biegen nach rechts auf die **Uferpromenade** ein.

Für das Jahr 1292 wird für Grimma erstmals eine hölzerne Brücke über die Mulde erwähnt. Auch an anderen Orten im Königreich Sachsen zerstörten Brände und Hochwasser immer wieder wichtige Flussübergänge.

Der Oberlandbaumeister Matthäus Daniel Pöppelmann (1662-1736) lieferte dem sächsischen Hof nicht nur Entwürfe für repräsentative Bauten in der Residenzstadt, sondern auch für steinerne Brücken im Lande. Diese bestanden aus steinernen Pfeilern mit einem hölzernen Mittelteil. In Grimma wurde die Pöppelmannsche Brücke in den Jahren von 1716 bis 1719 gebaut.

Wappenplastik an der Pöppelmannbrücke

Die Mulde entsteht südöstlich von Leipzig bei Sermuth durch die Vereinigung der Zwickauer und der Freiberger Mulde. Sie mündet nach 174 km zwischen Dessau und Roßlau in die Elbe. Gleich am Anfang der Promenade hat man einen umfassenden Blick (von rechts nach links) auf die Altstadt mit dem Schloss, dem lang gestreckten Bauwerk des Augustinums sowie der Klosterkirche.

Im Jahre 1287 begannen Augustinermönche ein Kloster und selbstverständlich auch eine Kirche zu bauen. Nach der Reformation verließen die Mönche das Kloster. Herzog Moritz von Sachsen ordnete an, hier wie auch in Meißen und Pforta bei Naumburg Landesschulen zur Förderung begabter Knaben einzurichten. Zu den bekanntesten Schülern gehörten der Liederdichter und Pfarrer Paul Gerhardt sowie der als „sächsischer Pestalozzi" bekannte Pädagoge Gustav Friedrich Dinter.

Heute befindet sich in dem Gebäude das Gymnasium St. Augustin.

Die Klosterkirche wurde um 1435 anstelle eines Vorgängerbaus (1290) der Augustiner-Eremiten errichtet.

Parallel zur Mulde wandern wir anfangs auf einem schattigen Weg entlang. Ein vielstimmiges Vogelgezwitscher begleitet uns. An mehreren Tafeln kann sich der Wanderer über die in der Mulde heimischen Fischarten informieren.

Es dauert nicht lange, und schon kommt die 1925 gebaute **Hängebrücke**, eine Tragseilbrücke, in unser Blickfeld. Und auf der Stadtseite hoch oben steht die Gattersburg, ein Hotel mit Restaurant. Von dort hat man eine tolle Aussicht in das Muldental.

Der Wanderer hat sicherlich gemerkt, dass unsere Route zum Teil auf dem „Weg der Steine" entlangführt. Auf diesem sind interessante Steinarrangements, Skulpturen und Erlebnissteine zu sehen. Auch ein Sitzstein wurde für uns aufgestellt.

Wir erreichen dann eine **Wegkreuzung (Höfgen 3,1 km)**. An dieser Stelle biegen wir links ein. Bei der nächsten Biegung (gelber Balken) verläuft unsere Route nach rechts weiter. Auch bei der später folgenden Gabelung lenken wir unsere Schritte nach rechts. Bald geht es bergan. Auf der Höhe befindet sich ein **Aussichtspunkt** in das Muldental. Danach steigen

Augustinum

wir auf Stufen wieder hinab in die Ebene. Jetzt wechselt das Landschaftsbild. Die offene Auenlandschaft erwartet uns. Links sehen wir eine Tafel mit der Aufschrift „**Mohdschegiebchn**". Der nichtsächsische Wanderer kann an den beiden niedlichen Tierchen erkennen, dass hierzulande Marienkäfer so bezeichnet werden.

Dieser Wegweiser zeigt die Richtung zu einem Naturlehrpfad mit Anschauungsmaterial zum Vogel-, Amphibien, Insekten- und Pflanzenschutz. Außerdem sind dort eine Imkerei sowie ein Kräutergarten zu sehen.

Bei einem weiteren Abzweig werden wir auf den **Jutta-Park** hingewiesen. Er ist als Englischer Garten mit Aussichts-turm, historischen Wasseranlagen und Skulpturen angelegt. Wir haben jetzt die Wahl, entweder über den Jutta-Park zu laufen oder die bisherige Richtung zu nutzen und uns an den am Ufer stehenden prächtigen alten Weiden zu erfreuen. Auf beiden Wegen kommt man zur **Schiffsmühle**, einem schwimmenden Museum.

Nach dem Erlebnishotel und Restaurant „Zur Schiffsmühle" kommt man nach rechts zur Fähre, die uns hinüber zum Kloster Nimbschen bringt.

In der Nähe der Fährstelle führt links der Weg nach **Höfgen**. Diesen Ort sollten wir schon besuchen, bevor wir zum anderen Ufer übersetzen. (Dadurch verlängert sich die Tour um etwa einen Kilometer.)

Im Muldental

Wir werden ein idyllisches Dorf erleben: Pflastersteinwege führen durch den Dorfkern, liebevoll restaurierte jahrhundertalte Bauerngehöfte, eine Wassermühle, und auf der Kuppe steht die Dorfkirche.

Die um 1700 erbaute Wassermühle wurde bis 1954 als Getreidemühle genutzt. Das Museum ermöglicht einen Einblick in ihre Mahltechnik, aber auch in die Arbeits- und Lebensbedingungen der Müllersleute. Und auch das historische Gasthaus wird uns begeistern. Der Ursprung der heutigen spätgotischen Saalkirche liegt vermutlich um das Jahr 1100. Der damals hölzernen Kapelle folgte um 1250 ein romanischer Steinbau. Und noch vieles andere werden wir im „Dorf der Sinne" entdecken. Danach setzen wir mit der Fähre über. Auch dieser Teil der Wanderung im Muldental ist ein besonderes Erlebnis: Wir werden mit einer handbetriebenen Gierseilfähre, die es bereits seit dem Jahre 1513 gibt, übergesetzt.

Nach der romantischen, etwas mittelalterlich anmutenden Fahrt verläuft unsere Route nach rechts zum ehemaligen **Kloster Nimbschen**, das wir nach etwa 700 Metern erreicht haben werden.

Vielleicht wollen wir uns dort auf der Wiese im Picknickgarten etwas ausruhen.

Diesseits der Mulde wandern wir nach Grimma zurück. (Wir könnten jedoch auch das Schiff benutzen.)

Kurz vor der Stadt erreichen wir einen kleinen Damm und wandern von dort in Richtung Gattersburg wieder hinunter an den Fluss.

Wir laufen ein kurzes Stück auf der Straße parallel zur Mulde, biegen bei der Polizei links in die Straße **Kellerhäuser** ein und kommen zum **Schwanenteichpark.** Von dort queren wir die **Colditzer Straße** zur **Karl-Marx-Straße** hin und erreichen auf dieser wieder den **Bahnhof.**

KLOSTERRUINE NIMBSCHEN

Inmitten alter Buchen und Eichen erinnern noch wenige Ruinenreste an die mittelalterliche Klosteranlage der Zisterzienserinnen. Dieser Orden führte ein Leben des Gebets, der Lesung und der Arbeit.

Der Ursprung des Klosters liegt im 13. Jahrhundert. Markgraf Heinrich von Meißen gründete 1243 bei Torgau das Kloster Marienthron. Dessen Konvent zog später nach Nimbschen um.

Überhaupt war dieser Wettiner wegen seiner Freigiebigkeit bekannt. Er gründete auch die Klöster in Seußlitz bei Meißen und Neuzelle in der Oberlausitz.

Nach dem Tod der letzten Äbtissin wurde das Kloster im Jahre 1536 aufgelöst. Den Wirtschaftsbetrieb führte aber ein Verwalter fort, bis 1542 Kurfürst Johann Friedrich von Sachsen das Klostergut verpachtete.

Auf dem Gelände der ehemaligen Stallungen und Speicher steht heute ein moderner Hotelkomplex.

Legenden ranken sich um die abenteuerliche Flucht von neun Nonnen zu Ostern 1523 aus dem Kloster. Darunter befand sich auch Katharina von Bora, die spätere Ehefrau Martin Luthers.

Quellen- und Literaturverzeichnis

Autorenkollektiv: Wanderatlas Sächsische Schweiz,
VEB Tourist Verlag Berlin/Leipzig 1978

Baumgärtel, Siegmar/Gertoberens, Klaus: Stadtlexikon Dresden,
edition Sächsische Zeitung, Dresden 2009

Fellmann, Walter: Sachsen-Lexikon, Koehler & Amelang,
München/Berlin 2000

Gebirgsverein für die Sächsische Schweiz:
Geschichte des Zschoner Grundes, 1902

Hahn, Alfred/Neef, Ernst: Dresden, Akademie-Verlag, Berlin 1985

Käsemodel, G.: Rabenau, Rat der Stadt Rabenau 1979

Koch, Fritz: Taschenbuch der heimischen Frühjahrsblumen,
Urania-Verlag Leipzig/Jena/Berlin 1961

Kroll, Frank-Lothar: Die Herrscher Sachsens,
Verlag C.H. Beck, München 2004

Kurgesellschaft Bad Gottleuba-Berggießhübel mbH: Ortsprospekt

Rast, Horst: Geologischer Führer durch das Elbsandsteingebirge,
Bergakademie Freiberg 1959

Torke, Horst: Landkreis Sächsische Schweiz, Edition Lerchl, Meißen 1996

www.hinterhermsdorf.de

www.saechsische-schweiz.de

www.dresdner-stadtteile.de

www.dresden-und-sachsen.de

BILDNACHWEIS

Karten: *product:ink* | Fotos: *Klaus Jahn*

IMPRESSUM

© SAXO'Phon GmbH, www.saxophon-verlag.de

Alle Rechte vorbehalten; 2. Auflage Januar 2018

Layout und Satz: Dipl.-Des. (FH) Anja Wilcke · www.productink.de
Druck: Graspo CZ

ISBN 978-3-943 444-58-2